MÉMOIRE

SUR UN CAS DE

LUXATION TRAUMATIQUE

DE LA SECONDE VERTÈBRE CERVICALE,

DATANT DE SEPT MOIS,

ET RÉDUITE PAR UNE MÉTHODE PARTICULIÈRE.

NEUVIÈME MÉMOIRE

SUR LES DIFFORMITÉS DU SYSTÈME OSSEUX.

SÉRIE DE MÉMOIRES

SUR LES DIFFORMITÉS DU SYSTÈME OSSEUX,

Par le Docteur Jules Guérin.

PREMIER MÉMOIRE. — MÉMOIRE SUR L'EXTENSION SIGMOÏDE ET LA FLEXION DANS LE TRAITEMENT DES DÉVIATIONS LATÉRALES DE L'ÉPINE; lu à l'Académie royale de Médecine, le 15 novembre 1835; in-8°, avec planches. — Prix. . . . . 2 fr.

DEUXIÈME MÉMOIRE. — MÉMOIRE SUR LES MOYENS DE DISTINGUER LES DÉVIATIONS SIMULÉES DE LA COLONNE VERTÉBRALE DES DÉVIATIONS PATHOLOGIQUES; présenté à l'Académie royale de Médecine, le 2 juin 1836; précédé de trois Rapports faits à l'Académie sur ce mémoire; in-8°, avec planches. — Prix. . . . . 3 fr.

TROISIÈME MÉMOIRE. — MÉMOIRE SUR UNE NOUVELLE MÉTHODE DE TRAITEMENT DU TORTICOLIS ANCIEN; présenté à l'Académie royale des Sciences, le 3 avril 1838; in-8°. — Prix. . . . . . . 2 fr.

QUATRIÈME MÉMOIRE. — MÉMOIRE SUR L'ÉTIOLOGIE GÉNÉRALE DES PIEDS-BOTS CONGÉNITAUX; lu à l'Académie royale de Médecine, le 1er décembre 1838; in-8°. — Prix. . . . . 2 fr.

CINQUIÈME MÉMOIRE. — MÉMOIRE SUR LES VARIÉTÉS ANATOMIQUES DU PIED-BOT CONGÉNITAL DANS LEURS RAPPORTS AVEC LA RÉTRACTION MUSCULAIRE CONVULSIVE; présenté à l'Académie royale des Sciences, le 18 mars 1839; in-8°. — Prix. . . . . . . 2 fr.

SIXIÈME MÉMOIRE. — MÉMOIRE SUR LES CARACTÈRES GÉNÉRAUX DU RACHITISME; lu à l'Académie royale des Sciences, le 17 juillet 1837; in-8°, avec planches. — Prix. . . . . 2 fr.

SEPTIÈME MÉMOIRE. — VUES GÉNÉRALES SUR L'ÉTUDE SCIENTIFIQUE ET PRATIQUE DES DIFFORMITÉS DU SYSTÈME OSSEUX, exposées à l'ouverture des conférences cliniques sur les difformités, à l'hôpital des Enfans de Paris; suivies du RÉSUMÉ GÉNÉRAL DE LA PREMIÈRE SÉRIE DES CONFÉRENCES CLINIQUES. — Prix. . . . . 2 fr.

HUITIÈME MÉMOIRE. — MÉMOIRE SUR L'ÉTIOLOGIE GÉNÉRALE DES DÉVIATIONS LATÉRALES DE L'ÉPINE, PAR RÉTRACTION MUSCULAIRE ACTIVE; lu à l'Académie royale des Sciences, le 23 septembre 1839; in-8°. — Prix. . . . . 2 fr.

NEUVIÈME MÉMOIRE. — MÉMOIRE SUR UN CAS DE LUXATION TRAUMATIQUE DE LA SECONDE VERTÈBRE CERVICALE, DATANT DE SEPT MOIS, ET RÉDUITE PAR UNE MÉTHODE PARTICULIÈRE; in-8°, avec planches. — Prix. . . . . 1 fr. 50 c.

Au bureau de la GAZETTE MÉDICALE, rue Racine, n° 16.

MÉMOIRE

SUR UN CAS DE

LUXATION TRAUMATIQUE

DE LA SECONDE VERTÈBRE CERVICALE,

DATANT DE SEPT MOIS,

ET RÉDUITE PAR UNE MÉTHODE PARTICULIÈRE;

PRÉSENTÉ A L'ACADÉMIE DES SCIENCES LE 1er JUIN 1840;

PAR

LE DOCTEUR JULES GUÉRIN,

DIRECTEUR DE L'INSTITUT ORTHOPÉDIQUE DE LA MUETTE, CHARGÉ DU SERVICE SPÉCIAL
DES DIFFORMITÉS A L'HOPITAL DES ENFANS MALADES DE PARIS.

PARIS,

AU BUREAU DE LA GAZETTE MÉDICALE,

RUE RACINE, Nº 16, PRÈS DE L'ODÉON.

1840.

IMPRIMERIE ET LITHOGRAPHIE DE FÉLIX MALTESTE ET Cᵉ,
Rue des Deux-Portes-Saint-Sauveur, 18.

MÉMOIRE

SUR UN CAS DE

LUXATION TRAUMATIQUE

DE LA SECONDE VERTÈBRE CERVICALE,

DATANT DE SEPT MOIS,

ET RÉDUITE PAR UNE MÉTHODE PARTICULIÈRE.

L'histoire des luxations traumatiques des vertèbres, et en particulier des premières vertèbres cervicales, est encore entourée d'une grande obscurité. Les observations consignées dans la science sont aussi vagues qu'incomplètes. La description générale se ressent de l'insuffisance des faits particuliers. On sait à peine quelles sortes de déplacemens peuvent subir les vertèbres ; loin qu'il existe de détermination précise des espèces et des variétés de ces déplacemens, c'est à peine si l'on a donné les caractères propres à faire distinguer les luxations des fractures. Le cas particulier que j'ai à faire connaître ne suffit pas pour établir les bases de cette distinction ; mais il peut servir à montrer la précision qu'il est indispensable d'apporter dans la détermination des cas particuliers, si l'on veut arriver à constituer une histoire rigoureusement expérimentale de cet ordre de lésions et du traitement qui leur convient. L'observation qu'on va lire n'est donc qu'un document de cette histoire ; elle n'a d'autre but que d'offrir un exemple bien déterminé d'une certaine variété de luxation traumatique de la seconde vertèbre cervicale, d'indiquer ses caractères, son mécanisme de production, et le traitement qui doit lui être appliqué.

Obs. — Amélie L..., âgée de 10 ans et demi, est née à Saint-Quentin, de parens bien portans. Elle a trois frères qui se portent bien également. Avant l'accident qui a occasioné sa difformité, mademoiselle Amélie avait joui d'une bonne santé, sauf quelques maladies d'enfance. Elle est d'une constitution assez délicate, tempérament lymphatico-nerveux, yeux bruns, cheveux blonds, peau blanche avec éphélides.

Le 23 mai 1839, elle fit une chute de sa hauteur, le menton portant sur un pavé. Le résultat immédiat de cette chute fut une plaie contuse au menton, très douloureuse. Les souvenirs de la petite malade ne sont pas assez précis pour permettre d'établir si l'accident a été immédiatement suivi de douleurs dans le cou. Il se pourrait, du reste, que cette dernière eût été masquée par la violence de celle du menton. Ce ne fut que le surlendemain de l'accident que le cou devint douloureux. Il paraît que dans la même journée la tête commença à s'incliner à gauche et à tourner à droite. Cette douleur fut excessivement vive pendant deux jours ; elle partait de la région cervicale supérieure de la colonne et s'irradiait dans les parties molles du cou, principalement dans les muscles du côté gauche de la nuque. La difformité, suivant d'abord une marche lente et progressive, paraît avoir augmenté tout d'un coup à un point considérable le cinquième jour de l'accident, et la douleur s'est calmée.

On a cherché à combattre les premiers accidens à l'aide de moyens antiphlogistiques, sangsues, cataplasmes, diète, repos. On a fait des frictions avec une pommade narcotique. Plus tard on a tenté, mais sans succès, de redresser la tête avec les mains et de la maintenir droite avec des bandages.

Après cinq mois d'essais inutiles, la famille vint soumettre la petite Amélie à l'examen de plusieurs chirurgiens de la capitale. MM. Marjolin, Sanson et Bouvier, consultés séparément, donnèrent leur opinion par écrit. MM. Marjolin et Bouvier reconnurent la luxation, quoique dans un sens différent ; ils s'accordèrent à rejeter toute espèce de tentative de réduction, la déclarant inutile et dangereuse. M. Sanson n'a pas été aussi explicite sur la nature de la lésion ; il a trouvé le cas embarrassant ; mais il a conseillé de tenter les moyens orthopédiques. Voici, du reste, les consultations de ces trois praticiens : comme elles doivent être invoquées dans la discussion à laquelle nous nous livrerons, nous nous faisons un devoir de les reproduire textuellement.

CONSULTATION DE M. MARJOLIN.

J'ai examiné Mademoiselle A.

Le visage est tourné du côté droit. Le côté droit du cou paraît plus court que le côté gauche.

L'apophyse épineuse de la seconde vertèbre n'est plus située sur la ligne médiane ; elle est placée à 6 à 8 lignes à droite de cette ligne médiane, et fait une saillie considérable.

Tout le côté droit de la poitrine est rétréci, et la respiration de ce côté est plus faible qu'à gauche.

Il y a lieu de penser que la seconde vertèbre du cou a éprouvé une luxation, soit immédiatement par l'effet de la chute, soit consécutivement à cette chute, et je crains, par conséquent, qu'on ne puisse pas remédier au torticolis, soit par les moyens orthopédiques, soit par la section du muscle sterno-mastoïdien.

Comme le cas qui nous occupe présente des difficultés de diagnostic, il conviendra de faire encore examiner la jeune demoiselle par le docteur Bouvier, rue Basse-Saint-Pierre, 14, à Chaillot.

La légère incurvation que présente la colonne épinière dans les régions dorsale et lombaire est de peu d'importance, et je pense qu'il faudrait se borner pour y remédier à faire suivre un régime fortifiant, et à faire exercer le bras droit beaucoup plus que le gauche.

Le rétrécissement du côté droit de la poitrine a peut-être eu pour cause une pleurésie latente, suivie d'épanchement actuellement résorbé.

Si M. Bouvier pense comme moi, qu'il y a eu luxation de la seconde vertèbre, il sera prudent de s'abstenir de toute tentative de réduction.

On continuera d'ailleurs de faire coucher la jeune personne sur le dos, comme le recommande madame sa mère.

Paris, 12 septembre 1839.

Signé MARJOLIN.

CONSULTATION DE M. BOUVIER.

Mademoiselle Amélie L., 10 ans.

Je pense, comme M. le professeur Marjolin, qu'il n'existe aucune contracture musculaire et qu'on ne peut par conséquent remédier au torticolis par aucune opération. La cause de la déviation de la tête résulte d'un déplacement lent de la deuxième ou troisième vertèbre cervicale, dont les apophyses transverses font saillie en arrière, et probablement aussi d'un affaissement du côté opposé des vertèbres.

Cet état ne pourrait être traité sans danger par les moyens orthopédiques. Je conseille, en conséquence, de se borner à soutenir le cou avec un col de carton, si le poids de la tête devient incommode, et surtout de reposer souvent mademoiselle A. sur un plan horizontal.

Paris, 12 septembre 1839.

Signé Docteur BOUVIER.

CONSULTATION DE M. SANSON.

Le diagnostic de l'affection que présente mademoiselle A. me paraît embarrassant. En effet, d'un côté, il y a des courbures alternatives du rachis comme dans le rachitisme.

De l'autre, il y a torsion du col et inclinaison de la tête comme dans le torticolis ou dans certaines luxations des apophyses épineuses des vertèbres supérieures.

Je ne trouve pas la tension rigide des muscles qui déterminent ordinairement le torticolis, bien que, au dire de la malade, ces muscles aient été douloureux pendant les premiers jours qui ont suivi l'accident.

Je trouve une saillie considérable, avec déplacement de l'apophyse épineuse de l'axis.

En définitive,

La nature de la cause, la promptitude avec laquelle la tête s'est déviée après la chute, la saillie brusque que forme l'apophyse épineuse de la deuxième vertèbre, non dans la fosssette sous-occipitale, mais à droite de cette fossette, tandis que la tête est inclinée à gauche, sans tension des muscles ; la difficulté et même l'impossibilité des mouvemens de rotation de la tête ; toutes ces circonstances me font pencher vers l'opinion qu'il s'agit ici plutôt d'une luxation incomplète des vertèbres supérieures, que d'un torticolis ordinaire ou d'une courbure rachitique de la colonne épinière.

Je pense pourtant que vu l'obscurité du diagnostic, on pourrait sans inconvénient essayer des moyens mécaniques de redressement, dirigés avec circonspection.

5 novembre 1839.

Signé L. Sanson.

Six semaines plus tard la petite Amélie fut amenée à ma consultation. Je constatai la luxation et donnai sur sa réductibilité une opinion contraire à celle de MM. Marjolin et Bouvier. Me trouvant en opposition avec une autorité aussi grave que celle de M. Marjolin, et une opinion aussi spéciale que celle de M. Bouvier, je provoquai une consultation où j'exposerais mes motifs avant d'entreprendre le traitement. M. Lisfranc fut prié de s'adjoindre au médecin de la famille : tous deux partagèrent mon opinion sur la nature de la lésion et sur l'opportunité et l'innocuité d'une tentative de réduction lente et graduelle.

Voici l'état de la malade le 15 novembre 1839, c'est-à-dire près de six mois après sa chute.

Elle présente une luxation de la deuxième vertèbre cervicale sur la troisième accompagnée des caractères suivans :

1° Inclinaison de la tête à gauche avec rotation à droite ;

2° Inclinaison cervico-dorsale en sens inverse de l'inclinaison de la tête, et par suite, transport de la tête en entier à droite de l'axe du tronc ;

3° Tumeur formée dans la région cervicale postéro-supérieure droite par l'apophyse transverse de l'axis ; dépression sensible du côté opposé de la nuque.

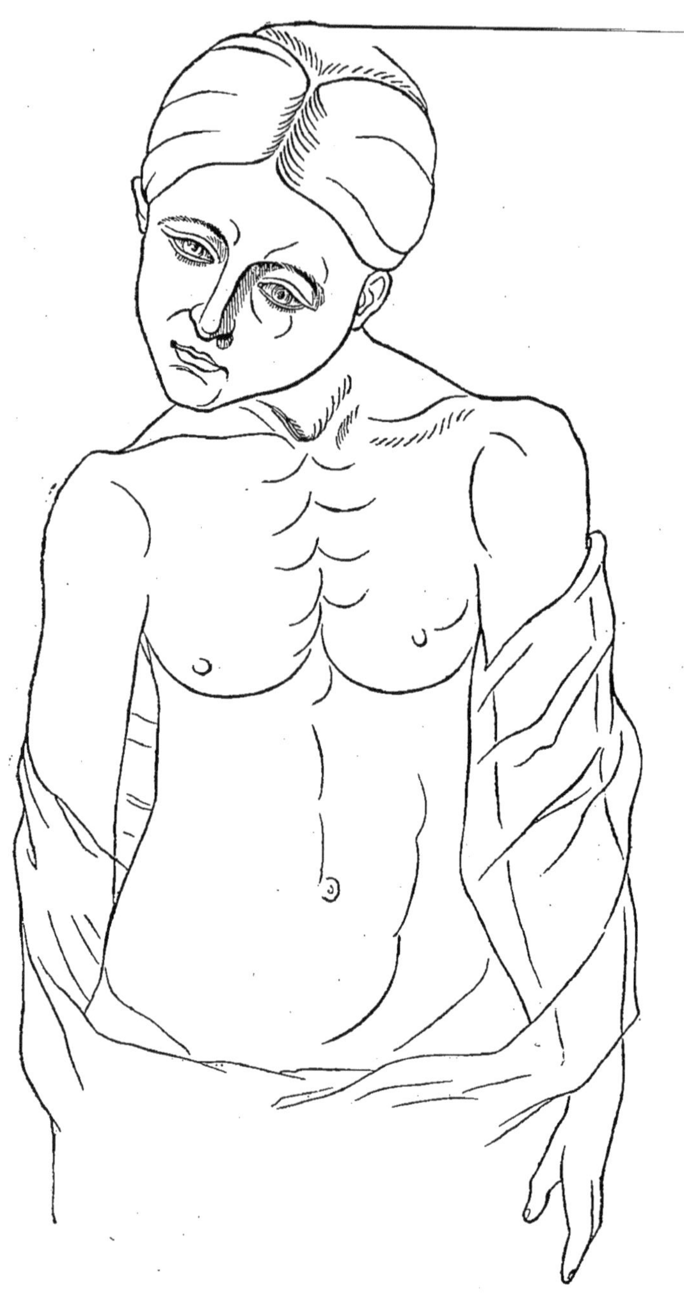

3° Examinée par la face antérieure, la tête offre une inclinaison à gauche, de manière que son axe longitudinal coupe la verticale sous un angle d'environ 25°. Cette inclinaison est accompagnée d'une rotation de la face à droite, telle que, quand on se met vis-à-vis de la face antérieure du tronc, le visage se présente sous un profil de 3/4.

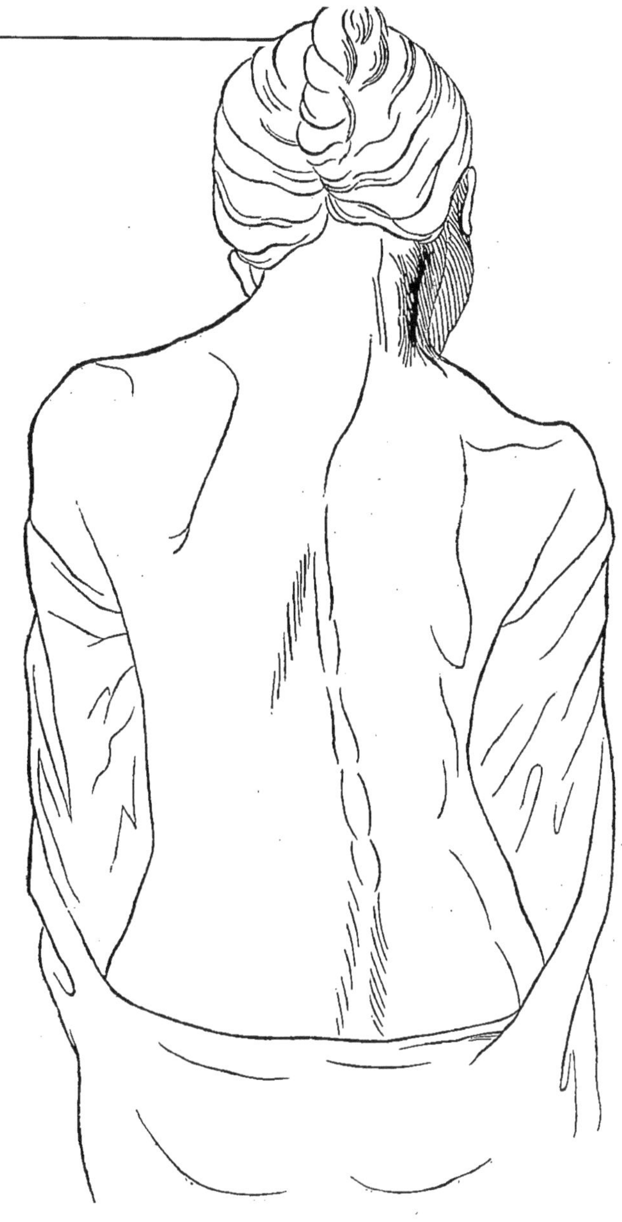

Vue par la face postérieure, la colonne vertébrale offre en outre une déviation latérale à trois courbures, dont les deux inférieures disparaissent par le décubitus sur un plan horizontal; la supérieure, bornée à la région cervicale, est permanente. La courbure inférieure occupe la région lombaire de la colonne : sa convexité est à droite. Elle n'est appréciable que par une saillie de la masse commune droite. La courbure moyenne, appréciable à la direction des apophyses épineuses, a sa convexité à gauche. Elle comprend toute la région dorsale de l'épine et se manifeste par le bombement des côtes gauches et la dépression des côtes droites. Cette courbure est à grand rayon et se perd insensiblement vers la région dorsale supérieure. Dans la région cervico-dorsale on aperçoit et surtout l'on sent par le toucher une inclinaison brusque, à droite, de la région cervicale sur la dorsale. Cette inclinaison est telle que la colonne cervicale forme avec la verticale un angle d'environ 18°. Enfin toutes les vertèbres cervicales concourent à la formation d'une courbure à très petit rayon, convexe à droite, et dont le sommet répond à l'union de la deuxième avec la troisième vertèbre. Cette courbure est accompagnée d'une forte torsion, qui se manifeste par la saillie considérable des muscles du côté droit de la nuque et la dépression de ceux du côté gauche.

Au niveau du sommet de cette courbure et à l'union de la face postérieure du cou avec la face latérale droite (devenue presque postérieure), l'on voit et l'on sent au toucher une tumeur dure, aiguë, formée principalement par l'apophyse transverse droite de l'axis, soulevée en arrière et entraînant dans le même sens les muscles qui la recouvrent. Voici quels m'ont paru être, après un examen minutieux, l'état et les rapports des parties composant la colonne cervicale.

L'inclinaison des vertèbres cervicales n'est pas brusque; elle fait suite à la courbure moyenne, mais elle est d'un rayon beaucoup plus petit. Quoique la région cervicale offre une courbure extrêmement prononcée, il ne paraît pas y avoir dépression de la moitié gauche des vertèbres. Il n'y a probablement d'autre lésion qu'un tiraillement et une rupture partielle des ligamens qui unissent la deuxième à la troisième vertèbre cervicale, et fracture de l'apophyse articulaire supérieure gauche de cette dernière, car il y a chevauchement évident de l'une sur l'autre, réalisant une rotation qui dépasse de beaucoup les limites permises par les surfaces réciproques, et qu'il serait impossible d'effectuer sans la fracture de l'apophyse indiquée; cette rotation est de près d'un huitième de cercle (20 degrés environ); il n'y a point de symptômes de compression de la moelle; il faut supposer que le fibro-cartilage, unissant les corps de ces deux vertèbres, a subi une forte distension, sinon une rupture plus ou moins étendue. Cette distension a permis au corps de l'axis de sortir de l'engrenure que présente le corps de la troisième vertèbre, et de se porter un peu à droite. Cette rotation anormale est accompagnée d'une très forte inclinaison de la même vertèbre à gauche et en avant, nouvel indice d'un écrasement de l'apophyse articulaire; car sans cet écrasement l'inclinaison aurait lieu en sens inverse.

Il est assez facile de sentir par le toucher le sommet de l'apophyse épineuse de l'axis, qui, au lieu d'être dans la même ligne que celles des vertèbres situées au-dessous, est déplacée à gauche et en bas, et correspond au milieu de la gouttière vertébrale de ce côté.

Par suite de l'inclinaison cervico-dorsale, la tête, en totalité, s'est déplacée à droite de l'axe du tronc. Ce déplacement peut être évalué à 3 centimètres.

Les muscles du cou présentent les dispositions suivantes : ceux de la région antérieure superficielle offrent quelques apparences de contracture spasmodique, leur tension ne peut être regardée comme un effet passif des déplacemens de la tête et du cou. Ainsi les sterno et cleïdo-mastoïdiens du côté gauche sont tendus, et ils opposent quelque résistance au soulèvement et au redressement de la tête ; ceux du côté droit sont également tendus, mais leur tension est le résultat de l'allongement qu'ils ont éprouvé par suite du déplacement de la tête en sens inverse de leur action. Les scalènes paraissent être intervenus plus directement dans la production de la difformité consécutive, du moins ceux du côté droit, qui sont fortement contracturés, durs au toucher et difficiles à étendre. Ils paraissent être les principaux agens de l'inclinaison cervico-dorsale à droite. Les trapèzes ne paraissent être affectés que d'une manière passive; par suite de l'inclinaison du cou, leurs fibres cervicales ont éprouvé des changemens de direction. Celles du trapèze gauche sont presque horizontales; celles du trapèze droit se rapprochent davantage de la verticale. Les splenius et grands complexus contribuent à la difformité d'une manière un peu plus active. A droite, ils sont soulevés en arrière, surtout le complexus ; leur tension est assez forte, mais elle paraît être passive; à gauche, ils sont déprimés, mais encore plus tendus qu'à droite. Ils forment la corde de la courbure cervicale. Il est impossible d'explorer l'état et la disposition des transversaires épineux cervicaux, des petits obliques postérieurs et de plusieurs autres petits muscles antérieurs et latéraux ; mais il me paraît évident que quelques-uns d'entre eux sont la cause active du déplacement de la deuxième vertèbre.

M'étant assuré, par les diverses circonstances de l'accident et de ses suites, qu'il s'agissait bien d'une luxation traumatique et musculaire de la deuxième vertèbre sur la troisième, je songeai à tenter la réduction de cette luxation. Il me parut possible, par les motifs que j'énoncerai ci-après, d'employer pour cette réduction le procédé inverse à celui que la nature avait mis en œuvre pour la produire. La luxation s'était effectuée consécutivement à la distension des ligamens et à la rupture des surfaces articulaires, sous l'influence de la contracture spasmodique des muscles du côté gauche du cou. Je pensai qu'en plaçant la colonne cervicale et la tête dans une condition où les muscles opposés à ceux qui avaient effectué la luxation agiraient à leur tour d'une manière plus active, je pourrais, par leur concours, ramener la vertèbre luxée dans sa situation normale. Pour cela, il fallait d'abord vaincre le spasme des muscles contracturés ; je remplis cette première indication au moyen de frictions avec la pommade stibiée, sur le côté gauche du col, et par des extensions accompagnées de massage et de percussion des muscles contracturés. Après quelques jours de cet essai, l'inclinaison de la tête avait diminué des trois quarts, bien que le déplacement en arrière de la seconde vertèbre fût resté le même. Ce premier résultat ne fit que me confirmer dans l'idée que la contracture musculaire avait bien été la cause mécanique de la luxation ; car les efforts de distension occasionnaient d'une part une douleur assez vive, et, de l'autre, les muscles opposaient une grande résistance au redressement de la tête. Toutefois, après cinq à six jours de cette pratique, j'avais rempli à peu près complètement la première indication : j'avais redressé la tête. Restait la seconde, c'est-à-dire le replacement de la vertèbre luxée. Cette seconde partie du traitement fut réalisée de la manière suivante :

Les épaules de l'enfant étant maintenues fixes et parfaitement horizontales, je tirai de mes deux mains sur la partie moyenne et saillante du col, de droite à gauche, et dans le sens horizontal, pendant qu'un aide tenait la tête soulevée et lui imprimait un mouvement de rotation de droite à gauche. Cette manœuvre avait pour effet de soulever la colonne cervicale inclinée à droite, et d'éloigner, par son transport à gauche, les points d'insertions supérieures du trapèze, des scalènes, et de l'angulaire de l'omoplate, et d'exercer ainsi des tractions sur ces points. Dès la première tentative, j'observai un degré marqué d'affaissement de la saillie produite par l'apophyse transverse de la seconde vertèbre. Je continuai la même pratique trois fois le jour ; dans les intervalles, je plaçai le sujet sur le lit à extension et à inclinaison que j'emploie dans le traitement du torticolis. Au bout de huit jours de ce traitement, la vertèbre pouvait reprendre sa situation normale; mais elle ne la gardait pas entièrement. Après chaque séance, la saillie osseuse était presque entièrement effacée; mais, sous l'influence de la contracture musculaire, elle reparaissait bientôt, toutefois de moins en moins prononcée. Cette circonstance, qui tenait sans doute à la fracture de l'apophyse articulaire du côté gauche et à l'allongement considérable de la capsule articulaire et des ligamens environnans, me paraissait reproduire nécessairement sous mes yeux, quoique à un très faible degré, le mécanisme à l'aide duquel la luxation avait été produite la première fois.

Le traitement consécutif consista dans l'application d'un bandage analogue à celui que j'emploie contre le torticolis ancien après la section des muscles : coiffe et rubans de fil permettant de tenir la tête obliquement en sens inverse de son inclinaison et de sa rotation pathologiques, et courroie appliquée obliquement en sens inverse sur la colonne cervicale, destinée à combattre l'inclinaison de cette dernière.

Le redressement de la tête et le maintien en place de la vertèbre réduite ne devinrent complets qu'après trois mois de ce traitement. Pendant cet intervalle et même après la guérison, on observait encore dans les sterno et cleïdo-mastoïdiens, dans le scalène gauche, quelques apparences de contracture, légers indices de la véritable origine de la luxation.

La figure suivante montre l'état du sujet après la réduction devenue permanente.

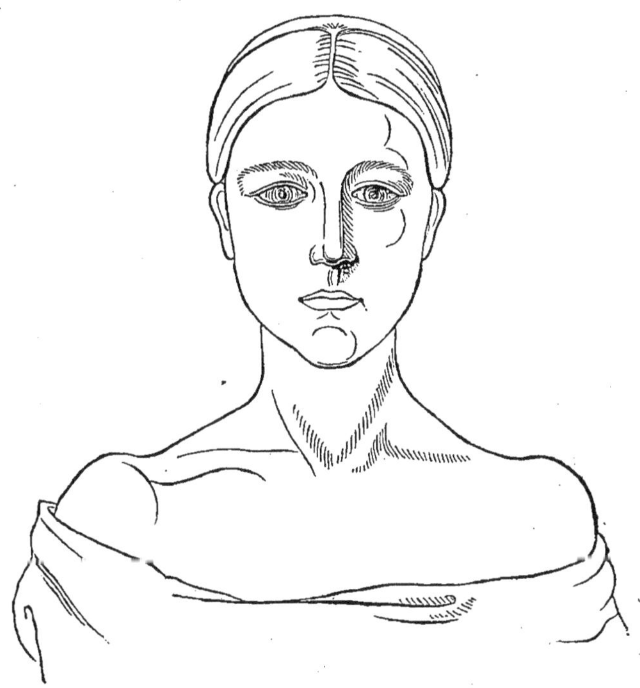

Aujourd'hui, cinq mois après le commencement du traitement, deux mois depuis la guérison, les parties sont restées dans leurs rapports normaux, et la tête
et le col exécutent, à très peu de chose près, leurs mouvemens habituels ; il n'y
a qu'un peu de gêne dans la rotation de la tête à gauche, produite par un reste
de raccourcissement du sterno-mastoïdien. Il existe aussi une très légère prédominance de saillie du côté droit sur le côté gauche de la nuque, résultant d'un
faible reste de soulèvement de l'apophyse transverse droite de la vertèbre luxée.

Ce cas intéressant sous beaucoup de rapports ayant donné lieu à des
interprétations différentes, quant à la nature et aux caractères de la lésion, et à des prescriptions tout à fait opposées quant à son traitement,
il m'a paru utile de fixer, à son occasion, les points litigieux qu'il a
soulevés, et de faire connaître ainsi les motifs de mes déterminations.
Ces différens points peuvent se résumer dans les questions suivantes :

1° Y avait-il réellement luxation de la seconde vertèbre sur la troisième, et cette luxation consistait-elle dans une rotation pathologique de
la vertèbre sur son axe, de droite à gauche et d'avant en arrière, ou bien
dans un mouvement inverse comme l'ont exprimé MM. Marjolin et Sanson
dans leurs consultations ?

2° Quels sont les caractères et les agens principaux et auxiliaires de
cette luxation ?

3° Faut-il toujours en tenter la réduction, et cette réduction est-elle
susceptible d'inconvéniens, et par quels procédés faut-il l'effectuer ?

Première question. — Y avait-il réellement luxation de la seconde
vertèbre sur la troisième, c'est-à-dire déplacement dans le sens horizontal, et suivant l'axe de l'épine, de droite à gauche et d'arrière en avant,
comme l'ont dit MM. Marjolin et Sanson ? Et d'abord il y avait luxation,
c'est-à-dire séparation des surfaces articulaires dont la droite était soulevée en arrière et la gauche refoulée en avant, au-delà de la facette articulaire de la troisième vertèbre cervicale. L'existence de ce fait résulte
évidemment de la mobilité anormale de la vertèbre, des rapports de ses
parties avec les parties environnantes, et des changemens que son déplacement a imprimés consécutivement au col et à la tête. La vertèbre

était anormalement mobile; en effet l'on pouvait en déprimant la saillie osseuse formée au côté droit de la nuque par le soulèvement de l'apophyse transverse, imprimer à l'axis un mouvement de ballottement assez étendu. Par cette manœuvre on reportait en arrière son apophyse épineuse, précédemment enfoncée dans les chairs; seulement on ne parvenait point ni à fixer la vertèbre dans sa position nouvelle, ni a ramener son apophyse transverse gauche au niveau de celle du côté opposé. Le déplacement avait bien lieu suivant l'axe de la colonne, car la dépression du côté gauche de la nuque était proportionnelle à la saillie du côté droit, c'est-à-dire que les deux apophyses transverses représentaient deux rayons d'égale longueur, ayant le même centre et ayant décrit en sens inverse des arcs de cercle de même étendue. Le mouvement circulaire de la vertèbre avait bien eu lieu dans le sens que j'indique; car s'il avait eu lieu dans le sens contraire, ainsi que l'ont pensé MM. Marjolin et Sanson, lorsqu'ils ont dit que la tumeur osseuse du côté droit de la nuque était formée par l'apophyse épineuse déviée de ce côté, le côté gauche aurait dû être saillant par suite du soulèvement en arrière de l'apophyse transverse correspondante; car il n'est pas possible de concevoir une déviation de l'apophyse épineuse à droite, par suite de la rotation de la vertèbre sur son axe, sans un mouvement proportionnel de son apophyse tranverse. Or il y avait dépression du côté gauche de la nuque, résultant du refoulement en avant des parties osseuses et des muscles qui les recouvrent.

La configuration des parties ne permet donc aucun doute à l'égard du déplacement en avant de l'apophyse transverse gauche de l'axis, et du déplacement en arrière de l'apophyse transverse droite. Le traitement a, du reste, complété l'évidence de cette démonstration. Ajoutons encore que la direction de la tête qui avait subi un mouvement de rotation de gauche à droite, et d'inclinaison en avant et à gauche, ne pouvait s'accorder qu'avec un déplacement dans un sens corrélatif de la vertèbre luxée. Si la vertèbre avait tourné de droite à gauche et d'arrière en avant, suivant l'opinion de MM. Marjolin et Sanson, la tête aurait été entraînée dans la même direction et la face eût regardé à gauche.

Deuxième question. — Les caractères de la variété de luxation dont il s'agit ressortent directement de ce que j'ai dit plus haut, à savoir : tumeur osseuse au côté gauche ou droit de la nuque, suivant le sens dans lequel s'effectue la luxation, et dépression proportionnelle du côté opposé; soulèvement et dépression corrélative des muscles de la gouttière cervicale; mobilité plus ou moins grande de la vertèbre, appréciable surtout par la dépressibilité de l'apophyse transverse et la variabilité des reliefs différens des deux côtés de la nuque ; dépression marquée sans tension musculaire appréciable à l'union de la face postérieure et latérale du cou du côté du déplacement en avant de la vertèbre ; inclinaison de la tête dans le même sens et rotation de la face du côté opposé; enfin impossibilité de mouvement de la tête et du col sans obstacle marqué de la part des muscles compris dans la concavité des courbures et des angles décrits par la tête et le col.

Les agens principaux de cette luxation sont de toute évidence les muscles qui s'insèrent à la vertèbre déplacée ; la violence extérieure a préparé le déplacement en rompant les capsules articulaires et les ligamens, et la contracture musculaire ne rencontrant plus de résistance a complété ce déplacement. Il a fallu une autre circonstance : la fracture du rebord antérieur de l'apophyse articulaire supérieure gauche de la troisième vertèbre cervicale ou la fracture du rebord de l'apophyse correspondante de la vertèbre luxée elle-même ; car les deux facettes articulaires, se rencontrant obliquement, n'auraient pu glisser l'une sur l'autre sans se fracturer, à moins que l'apophyse transverse de la seconde vertèbre ne se fût soulevée d'une quantité suffisante pour que la facette articulaire pût glisser en avant de la facette articulaire de la troisième cervicale, soulèvement qui eût entraîné une inclinaison de la tête du côté opposé. Avec ces trois élémens, déchirure de l'appareil ligamenteux, fracture de l'une ou de l'autre des deux apophyses articulaires et peut-être contracture des muscles correspondans, on peut très bien se rendre compte du mécanisme de cette luxation de la manière suivante : la tête étant maintenue fixée par les sterno et cléido-mastoïdiens et les autres muscles antérieurs et latéraux du col, l'action combinée des faisceaux transversaires épineux gauches et grand oblique postérieur, qui s'insèrent à l'apophyse épineuse de la deuxième cervicale, ont produit, par la résultante de leur action, une traction directe sur l'apophyse épineuse de l'axis et l'ont entraînée à gauche, d'où le soulèvement de l'apophyse transverse droite et la projection en avant de la gauche. Il est inutile d'ajouter que pour que ce résultat ait pu être produit, il a fallu que tout l'appareil ligamenteux qui unit la seconde vertèbre à la troisième ait subi une distension et une déchirure suffisante, que le fibro-cartilage et la capsule articulaire droites aussi bien que les gauches aient subi la même violence.

Le mode de déplacement de la vertèbre, rotation sur l'axe de l'épine, explique bien l'absence de tout symptôme de compression et de distension de la moelle. Les rapports du canal rachidien avec cette dernière sont restés les mêmes, du moins rapports de centre à circonférence. Il n'y a eu qu'une légère torsion des méninges et torsion plus faible encore de la moelle par le moyen des origines des nerfs qui lui font suivre à un moindre degré les mouvemens de rotation de la colonne.

TROISIÈME QUESTION. — L'expérience d'un seul cas ne suffirait pas à établir en règle générale qu'il faut toujours tenter la réduction de la variété de luxation décrite dans ce mémoire; mais la connaissance détaillée des circonstances qui l'accompagnent et la certitude que ces circonstances ne peuvent pas entraîner les accidens inhérens à la réduction de quelques autres variétés de luxations, surtout quand on a recours à la méthode que j'ai employée, permettent, je pense, de se prononcer d'une manière absolue pour la réduction. Quelles sont en effet les causes qui s'opposent à cette pratique? La crainte d'une compression ou d'une distension graves de la moelle; mais l'un et l'autre de ces résultats ne peuvent arriver qu'à la condition : 1° que par la réduction, l'axe de la vertèbre luxée ne se retrouve plus dans l'axe du canal rachidien; 2° que la tentative de réduction amène un allongement sensible de la moelle, par suite de la disjonction, suivant le sens vertical, de la vertèbre luxée, de celle qui la suit. Or le mouvement décrit par la vertèbre réduite est un mouvement circulaire et horizontal : circulaire autour de la moelle comme centre, et horizontal sur le plan occupé par la vertèbre avant, pendant et après la réduction. Ajoutons que si les conditions n'étaient pas aussi absolument favorables que nous les indiquons, la méthode de réduction, les tractions musculaires lentes et graduées, compenseraient ce qui pourrait rester de chances moins rigoureusement favorables.

FIN.

MÉMOIRE

SUR L'ÉTIOLOGIE GÉNÉRALE

DES DÉVIATIONS LATÉRALES

DE L'ÉPINE,

PAR RÉTRACTION MUSCULAIRE ACTIVE.

HUITIÈME MÉMOIRE

SUR LES DIFFORMITÉS DU SYSTÈME OSSEUX.

SÉRIE DE MÉMOIRES

SUR LES DIFFORMITÉS DU SYSTÈME OSSEUX,

Par le Docteur Jules Guérin.

PREMIER MÉMOIRE. — MÉMOIRE SUR L'EXTENSION SIGMOÏDE ET LA FLEXION DANS LE TRAITEMENT DES DÉVIATIONS LATÉRALES DE L'ÉPINE; lu à l'Académie royale de Médecine, le 15 novembre 1835; in-8°, avec planches. — Prix. . . . . 2 fr.

DEUXIÈME MÉMOIRE. — MÉMOIRE SUR LES MOYENS DE DISTINGUER LES DÉVIATIONS SIMULÉES DE LA COLONNE VERTÉBRALE DES DÉVIATIONS PATHOLOGIQUES; présenté à l'Académie royale de Médecine, le 2 juin 1836; précédé de trois Rapports faits à l'Académie sur ce mémoire; in-8°, avec planches. — Prix. . . . . 3 fr.

TROISIÈME MÉMOIRE. — MÉMOIRE SUR UNE NOUVELLE MÉTHODE DE TRAITEMENT DU TORTICOLIS ANCIEN; présenté à l'Académie royale des Sciences, le 3 avril 1838; in-8°. — Prix. . . . . . . 2 fr.

QUATRIÈME MÉMOIRE. — MÉMOIRE SUR L'ÉTIOLOGIE GÉNÉRALE DES PIEDS-BOTS CONGÉNITAUX; lu à l'Académie royale de Médecine, le 1er décembre 1838; in-8°. — Prix. . . . . 2 fr.

CINQUIÈME MÉMOIRE. — MÉMOIRE SUR LES VARIÉTÉS ANATOMIQUES DU PIED-BOT CONGÉNITAL DANS LEURS RAPPORTS AVEC LA RÉTRACTION MUSCULAIRE CONVULSIVE; présenté à l'Académie royale des Sciences, le 18 mars 1839; in-8°. — Prix. . . . . . . 2 fr.

SIXIÈME MÉMOIRE. — MÉMOIRE SUR LES CARACTÈRES GÉNÉRAUX DU RACHITISME; lu à l'Académie royale des Sciences, le 17 juillet 1837; in-8°, avec planches. — Prix. . . . . 2 fr.

SEPTIÈME MÉMOIRE. — VUES GÉNÉRALES SUR L'ÉTUDE SCIENTIFIQUE ET PRATIQUE DES DIFFORMITÉS DU SYSTÈME OSSEUX, exposées à l'ouverture des conférences cliniques sur les difformités, à l'hôpital des Enfans de Paris; suivies du RÉSUMÉ GÉNÉRAL DE LA PREMIÈRE SÉRIE DES CONFÉRENCES CLINIQUES. — Prix. . . . . 2 fr.

HUITIÈME MÉMOIRE. — MÉMOIRE SUR L'ÉTIOLOGIE GÉNÉRALE DES DÉVIATIONS LATÉRALES DE L'ÉPINE, PAR RÉTRACTION MUSCULAIRE ACTIVE; lu à l'Académie royale des Sciences, le 23 septembre 1839; in-8°. — Prix. . . . . 2 fr.

Au bureau de la GAZETTE MÉDICALE, rue Racine, n° 16.

MÉMOIRE

SUR L'ÉTIOLOGIE GÉNÉRALE

DES DÉVIATIONS LATÉRALES

DE L'ÉPINE,

PAR RÉTRACTION MUSCULAIRE ACTIVE;

LU A L'ACADÉMIE DES SCIENCES LE 23 SEPTEMBRE 1839,

PAR

LE DOCTEUR JULES GUÉRIN,

Directeur de l'Institut Orthopédique de la Muette, chargé du service spécial
des Difformités à l'Hôpital des Enfans malades.

PARIS,

AU BUREAU DE LA GAZETTE MÉDICALE,

Rue Neuve-Racine, n° 16, près de l'Odéon.

1840.

IMPRIMERIE DE FÉLIX MALTESTE ET Cie,
Rue des Deux-Portes-St-Sauveur, 18.

AVERTISSEMENT.

Ce mémoire est le développement et l'application à l'étude des déviations latérales de l'épine, de la doctrine que j'ai exposée dans mon mémoire sur l'étiologie générale du pied-bot congénital. Considérée à ce point de vue, la déviation de la colonne vertébrale, c'est le pied-bot du dos, c'est-à-dire la rétraction musculaire effectuant dans l'épine, comme dans le pied, des changemens de direction et de formes anormales, avec des modifications relatives aux conditions et à la constitution spéciales des parties, et relatives aux différens modes de distribution de la rétraction. Ainsi que nous le disions en tête de notre mémoire sur le pied-bot, c'est le même fait que nous avons été obligé de fragmenter, mais dont les diverses parties se ressouderont et se fondront en une unité tout homogène, au fur et à mesure qu'elles se produiront. Le pied-bot, la déviation de l'épine, le torti-colis, les luxations congénitales et bon nombre de monstruo-sités sont ainsi des expressions partielles et variées d'une même cause, au même titre que les différentes variétés du pied-bot congénital, *équin, varus, valgus,* réalisent, dans de moindres proportions, des manifestations d'un seul et même fait, de la rétraction musculaire diversement distribuée dans les muscles de la jambe et du pied. Je me borne à ce peu de mots sur la véritable signification de ce mémoire; son contenu achèvera de mettre en lumière l'affinité intime qu'il a avec ses aînés.

MÉMOIRE

SUR L'ÉTIOLOGIE GÉNÉRALE

DES DÉVIATIONS LATÉRALES

DE L'ÉPINE,

PAR RÉTRACTION MUSCULAIRE ACTIVE.

En communiquant, il y a quelque temps, à l'Académie, le résultat de mes premiers essais sur le traitement des déviations latérales de l'épine, par la section des muscles du dos, j'ai posé en principe, et comme base de cette nouvelle méthode de traitement, que le plus grand nombre des déviations de l'épine sont, comme le pied-bot, le torticolis ancien et les autres difformités articulaires congéniales, le résultat de la rétraction musculaire primitive. C'est au développement et à la démonstration de cette proposition que j'ai consacré ce premier mémoire.

Et d'abord, pour ne laisser aucun vague dans la discussion à laquelle je vais me livrer, je dois dire quelques mots du phénomène de la rétraction musculaire active, considérée comme cause de difformités du système osseux. On savait que sous l'influence d'une certaine manière d'être du système nerveux, les muscles peuvent être pris tout à coup de mou-

vemens spasmodiques involontaires, à la suite desquels ils restent raccourcis, tendus, entraînant avec eux, dans la direction de leur action, les
portions du squelette sur lesquelles ils s'insèrent. Ce phénomène, qu'on
n'avait pas étudié jusqu'ici dans ses rapports avec les difformités du système osseux, ni analysé dans ses élémens, et dont l'existence n'avait pas
même été soupçonnée chez le fœtus, est, à mes yeux, le principal agent
des difformités articulaires congéniales et consécutives. J'ai exposé les
faits qui servent de base à cette doctrine, dans le travail que j'ai adressé
au concours de l'Académie des sciences pour le grand prix de chirurgie,
ainsi que le constate le rapport sur ce concours. Les différens travaux
que j'ai publiés depuis sur cette matière et le mémoire que je vais avoir
l'honneur de lire devant l'Académie ne sont que des développemens
et des applications de mes précédentes recherches.

Pour prouver d'une manière directe, irrécusable, que les déviations
de l'épine sont, dans le plus grand nombre des cas, le produit de la rétraction musculaire primitive, il faudrait pouvoir, à l'exemple des chi-
mistes et des physiciens, effectuer d'emblée des difformités de cette espèce, en mettant en jeu, au moyen de l'expérimentation, la cause essentielle que je leur attribue. Cette méthode est, en effet, la seule qui,
jusqu'ici, et principalement aux yeux de l'Académie des sciences, ait eu
le privilége d'entraîner une conviction complète. Mais, outre que l'affection nerveuse qui produit la rétraction musculaire n'est pas assez connue dans son essence et dans ses conditions de production, il ne serait
pas permis de la provoquer chez l'homme; et cependant l'homme seul
réunit, comme je le démontrerai plus tard, toutes les conditions au développement de ces sortes de difformités. C'est donc à l'observation
seule qu'il faut recourir pour établir d'une manière rigoureuse ce que
l'expérience ne me permet pas de démontrer directement.

Eh bien ! je ne crains pas de le dire, au risque d'anticiper sur les résultats des preuves que je vais présenter, l'observation appliquée à toutes
les conditions où la déviation de l'épine, de nature musculaire active, se
manifeste, appliquée à toutes les phases, à toutes les combinaisons, à
toutes les modalités de cette cause, appliquée surtout à la série métho-

dique de ses effets, fera ressortir son existence avec une évidence aussi complète que celle que fournirait l'expérimentation directe.

PREMIÈRE QUESTION.

EXISTE-T-IL DES EXEMPLES DE DÉVIATIONS DE L'ÉPINE, ACCOMPAGNÉES D'AL-
TÉRATIONS MATÉRIELLES DES CENTRES NERVEUX, ET ÉVIDEMMENT CAUSÉES
PAR CES ALTÉRATIONS ?

On peut répondre immédiatement à cette première question par l'affirmative. Oui, il existe des déviations de l'épine accompagnées d'altérations évidentes, matérielles des centres nerveux. L'existence de ce fait, je l'ai établie dans deux ordres de circonstances fort différentes, mais également importantes à constater, parce qu'elles fournissent, à des points de vue différens, des lumières vives pour la solution de la question qui nous occupe. Ainsi, d'une part, il existe chez certains fœtus monstres et autres, des déviations de l'épine, accompagnées de beaucoup d'autres difformités articulaires, coïncidant avec une altération plus ou moins profonde du système nerveux; et, d'autre part, il existe chez certains individus d'âge et de sexe différens, des déviations de l'épine qui se sont manifestées à la suite d'affections de même nature, pendant la vie extra-utérine. Mettons d'abord ces deux faits hors de doute.

J'ai rapporté, dans mon ouvrage pour le concours du grand prix de chirurgie, une série d'observations relatives à des monstres et à des fœtus plus ou moins déformés, chez lesquels on pouvait constater des altérations évidentes du cerveau et de la moelle épinière ou de leurs enveloppes, depuis la destruction complète de ces centres jusqu'à la simple altération d'un de leurs points circonscrits. Ces deux extrêmes d'action d'une seule et même cause ont pu être liés par une série décroissante d'altérations identiques, différant seulement d'intensité, de manière à former une chaîne non interrompue de manifestations de moins en moins prononcées de la même maladie sur des individus différens. A côté des altérations dont il s'agit, on trouvait une série de difformités des diverses

parties du squelette, proportionnées en nombre et en degré à l'étendue
et à l'intensité des lésions des centres nerveux. Ainsi, avec la destruction complète ou partielle du cerveau et de la moelle, coïncidaient des
déviations, des torsions énormes des membres supérieurs et inférieurs,
dans leurs différentes jointures; les mains, les pieds, les coudes, les
épaules, les genoux, les hanches étaient déviés en différens sens,
déplacés, fléchis ou étendus de la manière la plus exagérée. Concurrem-
ment avec ces difformités, il existait des courbures de la colonne vertébrale, souvent portées au plus haut degré, repliant cette tige d'avant en
arrière, ou latéralement, au point de réduire le tronc à la moitié ou au
tiers de sa hauteur. Dans les cas où l'affection des centres nerveux avait
été moins intense, on retrouvait encore les mêmes difformités simultanées
des membres et de l'épine, mais à un moindre degré, et finalement
quelques-unes de ces difformités seulement, avec une altération plus circonscrite d'une portion du cerveau ou de la moelle. La subordination de
ces deux ordres de faits, les altérations du système nerveux, d'une part,
et les difformités articulaires du squelette, de l'autre, déjà presque établie
par le seul fait de leur simultanéité, ne pouvait être méconnue : car les
muscles qui en étaient les intermédiaires étaient considérablement durs,
raccourcis, tendus, dans le sens des difformités, formant la corde de leurs
courbures ou de leurs angles, et toujours à un degré qui excluait l'idée
d'une position anormale primitive, perpétuée par le raccourcissement
consécutif des muscles; ainsi, dans certains cas, j'ai constaté des flexions
antérieures de la jambe sur la cuisse, et la flexion postérieure de l'a-
vant-bras sur le bras, c'est-à-dire dans le sens opposé à la flexion
normale. Le triceps fémoral était très court, tendu, et la rotule remontée
sur la face antérieure de la cuisse; il en était de même du triceps brachial, et de la position de l'olécrâne qui remontait bien au-delà des limites physiologiques sur la face postérieure de l'humérus. A côté de
ces difformités la colonne était repliée en différens sens, attirée et bridée
des deux côtés par les muscles longs du dos, qui représentaient la corde
des courbures qu'elle décrivait : quand on voulait redresser ces courbures, la tension extrême des muscles latéraux s'y opposait complète-

ment. Enfin, il y avait parfois des luxations du coude, des fémurs, et même des courbures anguleuses des os des membres, par suite de fractures dans le sens de l'action des muscles rétractés. J'ai constaté ces résultats, non seulement chez des fœtus humains, mais encore chez des fœtus d'animaux, de veau, par exemple, où les déviations de l'épine n'étaient pas moins prononcées que chez les fœtus humains. Enfin, je les ai constatés aux différentes phases de l'affection des centres nerveux, depuis la destruction complète du cerveau, de la moelle et de leurs enveloppes, jusqu'à la simple altération partielle de ces parties, et toujours avec la même simultanéité, la même connexion de difformités, attestant une communauté d'origine, et leur subordination commune à l'affection nerveuse. Je mettrai tous ces faits authentiques à la disposition de la commission que l'Académie voudra bien charger de l'examen de ce travail.

Il est inutile, pour le moment, de discuter la question de savoir si l'existence des déviations de l'épine, accompagnant d'autres difformités causées par la rétraction musculaire, entraîne rigoureusement la nécessité d'une cause identique? Les faits qui suivront résoudront d'eux-mêmes cette difficulté. Ajoutons seulement que l'existence des déviations de l'épine observées chez le fœtus exclut toute idée de causes empruntées aux différentes conditions de la station verticale et de ses conséquences, et qu'avec le secours de nos connaissances sur les rapports du système nerveux avec les muscles, il n'est pas permis de douter, en voyant une altération profonde d'un des points du système nerveux, coïncidant avec des raccourcissemens considérables et généraux des muscles, que l'un de ces faits ne soit le résultat de l'autre. Mais les faits observés après la naissance dissipent toute incertitude à cet égard, et dispensent de recourir à des inductions qui n'auraient pas le caractère de la certitude directe.

S'il est vrai que les déviations de l'épine qu'on trouve chez les fœtus, avec des traces d'affection matérielle des centres nerveux, sont bien le résultat de ces altérations, il doit être possible de rencontrer, après la naissance, des répétitions des mêmes faits, de manière à permettre à l'observateur de constater directement, comme s'il expérimentait lui-même, la production des déviations de l'épine sous l'influence des ré-tractions musculaires mises en jeu par des affections nerveuses. Et, en effet, j'ai observé, à partir de quelques jours après la naissance, jusqu'à l'âge adulte, un très grand nombre de cas de déviations latérales de l'é-pine, survenues immédiatement après des affections cérébrales, cérébro-spinales, et accompagnées, comme chez le fœtus, d'un très grand nom-bre d'autres difformités articulaires, toutes causées évidemment par le raccourcissement actif des muscles rétractés. Après avoir constaté cette première catégorie de faits, dans lesquels la généralité d'action de la cause, c'est-à-dire la lésion centrale du système nerveux, était représentée par la généralité de ses effets, par la rétraction de presque tous les mus-cles du tronc, tenant sous leur dépendance la distorsion de presque toutes les articulations du squelette, j'ai cherché à suivre, après la naissance, comme je l'avais fait pour le fœtus, la décroissance des difformités en nombre et en intensité, liée à la décroissance de l'affection nerveuse qui la produit. J'ai été assez heureux pour réunir une collection de cas de cette nature; j'en ai composé une série régulièrement décroissante de dif-formités de l'épine dues à une affection du cerveau ou de la moelle, et se présentant avec un entourage de difformités des autres articulations du squelette, depuis la déviation extrême, accompagnée de déviations de toutes les brisures du squelette, jusqu'à la déviation peu prononcée, ac-compagnée seulement de la déviation d'un pied ou d'une main. Tous ces faits, ou plutôt toutes ces expériences, constatées directement par moi, répétées un assez grand nombre de fois pour qu'aucun cas ne se soit montré une fois seulement, m'ont paru établir, d'une manière définiti-vement rigoureuse, qu'il existe chez le fœtus comme chez l'enfant des déviations latérales de l'épine évidemment causées par la rétraction mus-culaire active, dépendant d'une affection des centres nerveux. J'ai dit que j'avais non seulement observé ces cas chez l'enfant nouveau-né, mais à toutes les périodes de l'enfance jusqu'à l'âge de la puberté; en effet, je possède plusieurs observations de déviations de l'épine, survenues chez des jeunes filles de 15 à 16 ans, à la suite d'affections convulsives du cerveau et de la moelle. Je reviendrai sur ces faits plus tard.

La première question que j'ai soulevée, à savoir, *s'il existe des exemples de déviations de l'épine accompagnées d'altérations matérielles des centres nerveux et évidemment causées par ces altérations,* est donc résolue d'une manière certaine par l'expérience. Je dis par l'expérience, car il est bon de s'entendre sur ce point : la science n'a ni le pouvoir ni le droit de produire d'emblée des affections cérébrales chez l'homme dans le but de constater la production des déviations de l'épine; mais la nature expérimente pour lui, et il peut profiter de ses expériences comme s'il les avait faites lui-même; la seule différence qu'il y ait, dans ce cas, entre l'observateur et l'expérimentateur, c'est qu'il ne reproduit pas les expériences de la nature à volonté, et qu'il est obligé d'en attendre le retour pour en démontrer la réalité; ce n'est là qu'une difficulté de temps qui explique en partie la lenteur et les difficultés du progrès des sciences d'observation, comparées aux sciences d'expérimentation. Passons à un autre point, ou plutôt à une seconde question.

DEUXIÈME QUESTION.

EXISTE-T-IL, EN L'ABSENCE D'ALTÉRATIONS MATÉRIELLES DES CENTRES NERVEUX, DES MOYENS CERTAINS DE RECONNAITRE QU'UNE DÉVIATION DE L'ÉPINE EST LE PRODUIT DE LA RÉTRACTION MUSCULAIRE ACTIVE, MISE EN JEU PAR UNE AFFECTION NERVEUSE ?

Cette question n'est pas moins facile à résoudre par l'affirmative que la précédente. Oui, il existe des moyens sûrs de reconnaître, en l'absence d'altérations matérielles permanentes des centres nerveux, qu'une déviation de l'épine est néanmoins le produit d'une affection de ce système.

Les cas dans lesquels il n'est pas possible de constater directement une altération des centres nerveux accompagnant la déviation de l'épine, sont les plus nombreux : ce sont presque tous ceux qu'on observe sur le vivant; car la constatation directe d'une altération matérielle du cerveau ou de la moelle ne peut se faire qu'après la mort. Disons, toute-fois, que cette constatation, nous l'avons faite plusieurs fois, c'est-à-dire qu'après avoir vu des sujets vivans atteints de déviations de l'é-pine que nous rapportions à une lésion nerveuse antérieure ou pos-térieure à la naissance, nous avons pu vérifier par l'autopsie l'exac-titude de notre diagnostic. Mais comme, dans la majorité des cas, cette vérification n'est pas possible, la question est donc de savoir s'il existe des moyens certains de reconnaître, sans le secours de l'autopsie, les déviations de l'épine causées par une affection nerveuse déterminant la rétraction musculaire. La solution de cette question peut s'obtenir de deux manières, et par deux ordres de faits différens. Ou bien la déviation est accompagnée d'autres effets de la maladie qui lui a donné naissance, ou bien elle est le seul retentissement, la seule émanation ap-préciable de cette affection. Examinons ce qui se passe dans les deux cas.

Lorsqu'une affection nerveuse a produit une déviation de l'épine, il est rare que ses effets n'aient pas débordé le champ de cette difformité. Une affection nerveuse convulsive se révèle dans la majorité des cas par d'autres effets que par la rétraction de certains muscles, et à supposer qu'elle ne se manifeste d'une manière visible que par des spasmes mus-culaires, il est encore très rare qu'elle borne ces spasmes aux muscles de l'épine. Il y a donc, dans cette première catégorie de déviations de l'épine, des caractères généraux, des traces matérielles de la maladie, accusés dans le reste de l'organisme. Ces traces sont, d'une part, toutes celles que laissent après elles toutes les maladies du cerveau et de la moelle; ce sont, dans la physionomie, une apparence de convulsion; les deux moitiés de la face sont inégales, non symétriques; les traits tirés d'un côté, les yeux inégaux : souvent un ou tous les deux sont atteints de strabisme; ils sont plus gros, moins mobiles qu'à l'état normal; leur force visuelle est différente ; la pupille est plus dilatée d'un côté que de l'autre; les deux moitiés du front sont parfois inégales; toute l'étendue du corps peut offrir un défaut de symétrie; la force est souvent plus grande d'un côté que de l'autre, à part l'influence de la prédominance d'exercice; quelquefois même il y a un peu de paralysie. Voilà les caractères les plus généraux de l'affection nerveuse, vue dans ses reflets les plus éloignés. Avec ces apparences qui entourent la déviation de l'épine de nature musculaire convulsive, apparences insuffisantes encore pour reconnaître d'une manière certaine la maladie dont elles émanent, concourent d'une manière bien plus efficace les rétractions simultanées des différens ordres de muscles autres que ceux de l'épine, rétractions donnant lieu à autant de difformités articulaires. Il n'est pas rare, en effet, de rencontrer, avec les déviations de la colonne vertébrale, des torticolis, des déviations des pieds, des mains, des flexions permanentes de la main, des genoux, du coude, ou l'une ou l'autre de ces difformités. Or, que dit cet accompagnement, surtout quand il s'entoure des caractères plus généraux d'une ancienne affection cérébrale convulsive? Il jette sur l'origine de la déviation de l'épine un surcroît de lumière; il la montre comme enchevêtrée dans une foule d'élémens, dont elle fait en quelque sorte partie elle-même pour constituer un seul et même fait par rapport à une cause commune. L'épine, déviée simultanément avec le torticolis, avec le pied-bot, avec la flexion permanente du coude, c'est-à-dire avec la rétraction des muscles du cou, de ceux du pied, de ceux du bras, le tout complété par la physionomie convulsive et quelques-uns des rudimens de paralysie qu'on remarque sur les sujets anciennement atteints de maladies cérébrales, c'est la fraction d'un seul et même phénomène mis en regard des autres parties intégrantes, et recevant, d'une même cause, tous les caractères et tous les reflets de leur commune origine. Il faut voir les faits de cette nature, pour être frappé de cette physionomie d'ensemble, pour acquérir incontinent la conviction qu'il serait tout à fait illogique de détacher la déviation de l'épine de son entourage significatif, et d'en constituer un phénomène à part, au milieu d'autres phénomènes. Pour moi, j'ai rencontré un si grand nombre de cas de cette espèce, qu'il me serait impossible de les citer, même par leurs catégories les plus générales. J'inviterai les personnes qui ne seraient pas encore familières avec les faits de cette nature, à visiter les hospices spécialement consacrés aux affections nerveuses, comme Bicètre et la Salpétrière; c'est là que mon observation s'est exercée en grand ; là elles verront des maniaques, des épileptiques, des hémiplégiques, des paralytiques, et toutes les formes des affections nerveuses, accompagnées des diverses formes, des diverses combinaisons des affections musculaires convulsives, et consécutivement des difformités auxquelles ces affections donnent naissance. Elles verront le torticolis avec le pied-bot; le torticolis avec la déviation de l'épine: la déviation de l'épine avec le pied-bot; la déviation de l'épine avec la flexion permanente des mains, du coude, du genou; elles verront l'une ou l'autre de ces difformités accouplée avec la déviation de l'épine, ou la déviation de l'épine perdue, pour ainsi dire, au milieu de cet entourage général, le tout accompagné des caractères les plus significatifs des affections nerveuses cérébrales ou cérébro-spinales anciennes. Voilà donc le premier terme de ma proposition démontré, et démontré, je pense, aussi rigoureusement qu'il est possible avec le seul secours de 'observation et de l'induction.

Le second terme comprend les cas de déviations de l'épine également produites par la rétraction musculaire, mise en jeu par une affection nerveuse; mais dans lesquels cette origine n'est pas dévoilée par ces reflets généraux et ces manifestations éloignées qui d'ordinaire la trahissent sur le champ. Car la maladie, ainsi que nous le montrerons plus tard, peut n'avoir retenti que sur des points isolés; elle peut n'avoir atteint d'une manière profonde et durable que les muscles de l'épine; elle peut même être née et s'être circonscrite dans les nerfs qui animent ces muscles; il s'agit donc de savoir si dans ces cas de circonscription de la cause, on peut encore la saisir, la déterminer, enfin la reconnaître au moyen de caractères aussi certains que pour les cas de la catégorie précédente. Ici, comme on le voit, la tâche devient plus délicate et plus difficile.

Et d'abord établissons d'une manière incontestable le fait de l'existence des déviations de l'épine produites par une affection nerveuse mettant exclusivement en jeu les muscles de l'épine, sans autre trace de son action. On remarquera que cette délimitation de la rétraction musculaire implique pour la cause une circonscription proportionnelle de siége et de degré; c'est-à-dire que l'affection cérébro-spinale ou spinale seulement agit à un moindre degré dans le cas où elle se résout dans la simple rétraction des muscles du dos, que lorsqu'elle se traduit sur un plus grand théâtre, et sévit d'une manière plus intense et plus profonde. Ainsi que je l'ai démontré pour le pied-bot, ce fait de la délimitation de la cause, tant par rapport à son siége qu'à son degré, peut être constaté directement. Il consiste dans une lésion d'un des points les plus circonscrits du système cérébro-spinal ou de ses enveloppes ou dans les nerfs mêmes qui se distribuent aux muscles rétractés. Or, ces faits je les ai constatés plusieurs fois directement; j'ai vu, et les cas de cette nature ne sont pas assez rares pour qu'il ne soit facile à chacun de les vérifier, j'ai vu, dis-je, des déviations de l'épine survenir après des atteintes très locales de cette maladie. Mais le *post hoc* ne suffirait pas plus ici qu'en beaucoup d'autres circonstances pour légitimer le *propter hoc :* voici les preuves directes qui m'ont permis d'établir dans ces cas la subordination d'un des deux faits à l'autre.

Et d'abord lorsque l'on compare les déviations de l'épine de cette dernière catégorie à celles qui sont accompagnées de traces matérielles d'affections cérébro-spinales, on trouve une exacte ressemblance; je dirai plus, une identité complète de formes, surtout lorsqu'on les compare chez des sujets qui ont été placés consécutivement dans des conditions analogues, et lorsque l'on compare ensemble des déviations du même degré. Elles ont le même siége, la même direction, le même nombre de courbures, les mêmes reliefs et les mêmes dépressions; elles empruntent les mêmes élémens anatomiques; elles sont soumises aux mêmes lois de développement et de progression, sans autres caractères différentiels que ceux qui résultent des différentes manières d'agir de la cause; car, je le dirai par anticipation, l'affection nerveuse, bien qu'identique dans son essence, ne produit pas toujours la rétraction des mêmes muscles, ni de tous les muscles, ni au même degré dans tous les muscles; elle n'agit d'ailleurs pas d'une manière absolue quant à son mode d'action essentielle; mais à part les différences qui résultent de cette complexité d'action de la cause, différences qui entraînent d'ailleurs une somme égale et parallèle d'effets proportionnels; à part ces différences, dis-je, dont j'indi-

querai plus tard les conditions et les caractères, les formes extérieures
des déviations de l'épine produites par l'altération matérielle évidente
des centres nerveux, et les formes de celles où cette altération ne se révèle que par la déviation elle-même, sont parfaitement semblables : que
conclure déjà de cette identité de formes ou d'effets, sinon qu'elle implique l'identité de leurs causes ? Mais cette démonstration par induction
peut être rendue bien plus complète par l'indication de caractères matériels, directs, inhérens au fait même qu'il s'agit de déterminer. Le
fait de la rétraction musculaire, ses rapports avec les muscles qu'elle met
en jeu, les rapports de ces derniers avec les parties qu'ils déplacent et
déforment, fournissent des lumières aussi précises que certaines, et s'ex-
priment par des caractères aussi fidèles qu'ils sont étroitement liés à la
cause dont ils émanent.

Le premier caractère de la rétraction musculaire considérée dans sa
forme la plus générale, c'est le raccourcissement du muscle rétracté, raccourcissement actif, qui diffère essentiellement du retrait passif ou consécutif en ce sens qu'il adapte violemment la portion et les rapports des
portions du squelette où il siége, à sa direction, à sa longueur et à sa largeur, et par conséquent se montre sous les apparences de cordes ou de
brides tendues entre les deux ou plusieurs points qu'il tient ainsi rapprochés. Le raccourcissement passif ou consécutif qui résulte, comme je l'ai
démontré, du rapprochement des points d'insertion des muscles, n'est
point accompagnée de tension; les portions déviées du squelette ne réa-
gissent pas incessamment contre eux; en un mot, ils remplissent exactement l'espace, mais obéissent à l'espace au lieu de le limiter. Ce n'est pas
tout. Le raccourcissement actif ayant pour effet de provoquer et déterminer, par suite des résistances du squelette, une tension considérable
des muscles rétractés, ceux-ci acquièrent progressivement une texture
dépendant de leur tension continue ; c'est-à-dire ils deviennent fibreux,
tandis que les muscles passivement raccourcis perdent de leur consistance
et tendent à passer à l'état graisseux. Ces différences de texture se mani-
festent sur le sujet vivant par des apparences qui lui sont propres. Le
muscle primitivement rétracté et passé à l'état fibreux est dur, ramassé

en faisceau, résistant sous la peau; on dirait parfois qu'il a acquis une consistance fibro-cartilagineuse, surtout quand on a soin de tenir les points d'insertion du muscle éloignés. Des caractères opposés accusent également la texture intime du muscle passivement rétracté ; dans tous les cas son tissu est médiocrement résistant : il conserve sa forme et sa consistance primitives, ou plutôt il perd de cette consistance pour offrir plus de mollesse qu'à l'état normal; cette mollesse accuse la dégénérescence graisseuse dont il est déjà le siége. Voilà certainement des caractères matériels fort différens, et qui émanent directement de l'essentialité de leur cause respective. Ce n'est pas tout.

Les muscles ont un siége et une direction d'action déterminés à l'état physiologique. J'ai déjà montré pour le pied-bot et le torticolis que ce siége et cette direction d'action se trouvent parfaitement en rapport avec la déviation qu'ils effectuent. Ce nouvel accord entre les formes et leurs agens, je me borne à l'énoncer ici comme un fait général, parce que si je voulais entrer dans ses applications, je me trouverais transporté hors du cadre que je me suis tracé; je serais forcé de faire l'histoire particulière des variétés de ces déviations; puisque ces variétés sont le produit de la rétraction différemment distribuée dans les muscles du dos, et leurs formes la représentation et l'expression rigoureuse des différentes combinaisons d'action des muscles. Je me borne donc à énoncer le fait du rapport entre le siége et la direction d'action des puissances musculaires et les déplacemens de la colonne qu'elles déterminent. Ce fait du rapport constant du siége et de la direction des muscles rétractés avec les portions du squelette qu'ils déplacent, dont j'ai montré l'existence dans toutes les difformités articulaires de cette origine (dans le torticolis, le pied-bot, dans les autres difformités des mains, du poignet, du coude, etc.), est, par sa généralité, une preuve analogique de plus de l'identité de nature des déviations de l'épine et des autres difformités où il se rencontre. Quand il me sera possible d'aborder l'histoire des mêmes rapports entre les variétés des déviations de l'épine de cette nature, et les muscles qui décident de ces variétés, cet ordre de caractères acquerra un degré d'importance et d'évidence bien plus marqué.

Enfin, les différentes manières dont les muscles de l'épine peuvent être rétractés par rapport à leur nombre, ou simplement par rapport aux parties dont chacun d'eux est composé, et les différens modes d'action par lesquels se traduit la rétraction à ses différens degrés, fournissent une dernière série de caractères immédiats, à l'aide desquels l'origine des déviations de la colonne qu'elle produit peut être mise en évidence.

Comme je l'ai montré pour le pied-bot et le torticolis, le raccourcissement actif des muscles peut, à l'épine, être limité à un muscle ou à une portion seulement d'un même muscle, et les différens élémens de la rétraction, ainsique je les ai antérieurement établis en faisant l'histoire analytique de ce fait, à savoir, le raccourcissement immédiat, la paralysie incomplète et la paralysie complète avec atrophie, peuvent être différemment combinés dans les muscles ou quelques-unes de leurs parties. On peut mieux lire la nature du fait dans sa physionomie ainsi diversifiée par la distribution différente et différemment localisée de ses élémens.

Or, comme tous les états de la rétraction ont leurs caractères propres, il n'est pas difficile d'en constater la distribution particulière dans tel ou tel muscle ou dans telle ou telle portion de muscle. C'est ainsi que j'ai vu certaines portions du trapèze complètement rétractées, fibreuses, à côté d'autres portions paralysées, atrophiées, membraneuses, et à côté d'autres muscles sains; c'est ainsi que j'ai vu tous les muscles du dos entièrement rétractés déterminant un raccourcissement, un rabougrissement extrême du tronc; c'est ainsi au contraire que j'ai vu encore quelques cas dans lesquels le long dorsal seul était rétracté à côté du sacro-lombaire qui n'était que passivement raccourci; d'autres dans lesquels une portion minime seulement d'un de ces deux muscles, un simple faisceau du long dorsal, par exemple, contrastait par sa tension et sa dureté extrêmes avec la consistance normale des parties voisines. C'est là, je le répète, qu'on peut le mieux lire la réalité matérielle de la cause; car ses modes divers de distribution mettent en présence et en contraste les caractères opposés des modifications de texture et de forme que les différens modes de rétraction déterminent.

Je sais très bien, et je dois le dire immédiatement pour prévenir ou détruire des objections qui naissent toujours d'un défaut de notion des choses et de la manière de les constater, que cet ensemble de caractères auxquels j'ai attribué une physionomie si particulière, si frappante, ne se montre pas toujours en reliefs matériels et grossièrement palpables, tels qu'on puisse les lire à toutes les distances et avec tous les yeux. Il existe au contraire beaucoup de conditions qui en masquent les apparences. Jusqu'ici on n'avait constaté d'une manière bien évidente à l'extérieur, les caractères matériels de la rétraction musculaire, que dans les muscles sterno et cléïdo-mastoïdiens et dans le tendon d'Achille. J'ai indiqué déjà les moyens de saisir les mêmes caractères dans les autres muscles du col, de la jambe et du pied, lesquels peuvent aussi, en vertu de certaines circonstances, être obscurcis. Je ferai connaître dans la suite de ce travail quelles sont ces circonstances pour l'épine; elles sont assez nombreuses, assez importantes et assez nouvelles, pour que je me réserve de les indiquer dans un mémoire à part. Elles sont d'ailleurs inhérentes à des phénomènes dont la détermination importe à plusieurs autres points de la connaissance et du traitement des difformités.

Si je résume les développemens dans lesquels je suis entré, je dirai à l'égard des déviations de nature musculaire active qui n'offrent pas pour la détermination de leur cause essentielle la présence d'altérations matérielles directement constatées du système nerveux, que les unes sont accompagnées d'une collection de caractères généraux d'une même signification, répartis sur les divers points du corps, et au milieu desquels ils prennent place comme parties intégrantes d'un même tout; que les autres, quoique dépourvues de cet accompagnement général auxiliaire, portent encore avec elles une physionomie spéciale, un ensemble de caractères propres, fournio par la texture des muscles rétractés, par le siége et la direction d'action de ces muscles, par les différens modes de distribution et de combinaison de la rétraction, soit sous le rapport des muscles eux-mêmes et des parties dont ils sont composés, soit sous le rapport des différentes manières d'être et d'agir de la rétraction musculaire. Je me réserve, comme je l'ai dit plus haut, de faire l'application analytique de cette formule aux différentes variétés des déviations qui en sont l'expression, et de donner par cette application uue nouvelle évidence à cette détermination.

TROISIÈME QUESTION.

QUELS SONT LES DIFFÉRENS MODES DE LA RÉTRACTION MUSCULAIRE ACTIVE, PAR RAPPORT AUX DÉVIATIONS DE L'ÉPINE, ET DANS QUELLE LIMITE DOIT-ELLE ÊTRE CIRCONSCRITE COMME CAUSE OU ÉLÉMENT ACTIF DE CES DIFFORMITÉS?

Dans les deux premières parties de ce mémoire, j'ai cherché à démontrer la réalité de l'existence de certaines déviations de l'épine par la rétraction musculaire active, et j'ai exposé les caractères généraux propres à faire reconnaître les difformités de cette nature. Je vais maintenant prouver la plus grande fréquence relative de ces sortes de déviations par rapport à celles qui résultent primitivement d'autres causes et montrer que dans ces dernières mêmes la rétraction musculaire active concourt pour une part importante à leur réalisation.

J'ai cité précédemment, parmi les faits qui peuvent établir d'une manière incontestable l'existence de déviations causées par la rétraction musculaire active, les cas où la maladie nerveuse est accompagnée d'une altération matérielle du cerveau ou de la moelle; j'ai encore cité les cas où la maladie convulsive a été tellement évidente et profonde qu'elle a laissé dans la physionomie et dans l'ensemble de l'économie, des traces matérielles de son existence. Si la rétraction musculaire causant les déviations de l'épine n'était mise en jeu que dans ces circonstances graves, quoique assez fréquentes, elle n'absorberait pas à son profit, comme je l'ai dit, le plus grand nombre de ces difformités; mais il est loin d'en être ainsi, comme on va le voir.

Et d'abord matériellement parlant, j'ai établi que la rétraction musculaire active pouvait dépendre d'une altération du cerveau, de la moelle ou des nerfs mêmes qui se distribuent aux muscles rétractés. Jusque-là je me suis tenu dans la limite des faits où l'altération nerveuse est en quelque façon palpable. Mais pour que cette altération existe et qu'elle existe au degré suffisant pour produire la déviation de l'épine, il n'est pas nécessaire que le cerveau ou la moelle ou leurs enveloppes soient totalement ou partiellement détruits, mais simplement qu'il existe une manière d'être anormale de ces sources de la motilité ou de quelque rameau nerveux seulement d'où naît le raccourcissement spasmodique des muscles. Or le champ de ce phénomène ainsi agrandi dépasse de beaucoup l'horizon qu'on serait tenté de lui assigner.

En effet, ceux qui ont porté leur attention vers les affections nerveuses qui se traduisent par des convulsions, par des troubles passagers, mais réels de la motilité, savent combien le développement de l'organisme est traversé par ces affections. Il suffit de rappeler les principales circonstances où elles se présentent et celles qui en favorisent le développement pour saisir le rapport qu'on avait signalé de tout temps entre les déviations de l'épine et ces circonstances. Est-il nécessaire de rappeler la fréquence des convulsions de l'enfance, celles qui accompagnent presque toujours la dentition, qui compliquent presque toujours à cet âge les maladies éruptives, la variole, la rougeole, la scarlatine, et jusqu'aux moindres affections fébriles? Est-il besoin de faire remarquer que ces convulsions, leurs diverses nuances, se montrent avec d'autant plus de fréquence que les sujets sont plus jeunes, plus débiles, plus nerveux? plus fréquentes chez les enfans des villes que chez ceux de la campagne, chez les jeunes filles que chez les garçons? Or il n'est pas besoin d'insister pour montrer que l'enfance, le séjour des villes, la classe pauvre, la faiblesse de la constitution, la prédominance du système nerveux, le sexe féminin, sont autant de conditions favorables au développement des affections nerveuses spasmodiques. La liaison de ces faits, établie par leur simple rapprochement, l'est bien mieux lorsque l'on considère de plus près l'influence du spasme nerveux sur les muscles et l'influence des muscles atteints de ce spasme sur l'état présent du squelette et sur son développement ultérieur.

On sait en premier lieu qu'il n'est pas rare de voir à la suite des diverses maladies de l'enfance, même à la suite de celles où les convulsions ou le simple spasme momentané ont été si peu prononcés et si passagers qu'on ne les constate pas toujours, on sait, dis-je, que pendant et à la suite de ces maladies, il reste souvent quelqu'un des muscles du cou ou des membres plus ou moins contracturé; cet état, se résolvant souvent avec les autres suites de la maladie, n'entraîne pas de difformité. Mais on ne voit que les muscles les plus apercevables comme ceux du cou ou des bras, et leurs effets sur la direction des parties du squelette qu'ils tiennent sous leur dépendance sont d'autant plus prononcés que ces parties sont plus visibles et le siége de mouvemens plus étendus. Mais les mêmes phénomènes de spasme ont lieu dans les muscles de l'épine, et si les caractères directs des déviations qui ont cette origine ne l'établissaient pas d'une manière certaine, on pourrait encore l'induire du grand nombre de nerfs qui se distribuent aux muscles de cette région, et qui reçoivent immédiatement, par leurs rapports si intimes avec la moelle épinière, les moindres retentissemens des affections de cette dernière. L'existence de ces faits ne repose pas d'ailleurs sur ces inductions seulement : il arrive assez souvent qu'on peut prendre directement la nature sur le fait; des déviations de l'épine se forment presque d'emblée comme les torticolis, comme les flexions permanentes du coude, du genou, et comme les pieds-bots, et si on ne les voit pas se développer aussi vite, c'est que les résistances de l'épine sont plus grandes, et les muscles rétractés maintenus dans des gaines qui les empêchent de se montrer en relief sous la peau. Elles se développent plus tard, plus lentement, mais toujours sous la dépendance de l'affection spasmodique du muscle. J'ai montré en effet, dans mon mémoire sur l'étiologie générale du pied-bot, que les muscles atteints de rétraction spasmodique sont frappés d'une espèce de paralysie qui les empêche de suivre plus tard le développement du squelette. Ils restent proportionnellement plus courts, et de cette brièveté relative et progressive résulte nécessairement le déversement, le bridement de la portion du squelette (et de l'épine pour le cas dont il s'agit), point de départ et siége de la difformité.

Voilà donc une série de cas qui étendent légitimement le domaine de la rétraction musculaire. Ces cas peuvent être considérés comme des émanations de maladies internes, dans lesquelles le cerveau et la moelle épinière sont indirectement compromis. Mais il se présente une autre série, celle qui résulte des causes extérieures, causes qui s'adressent directement aux muscles, ou plutôt aux élémens nerveux qui les animent. Les faits renfermés dans cette catégorie ne sont pas moins réels que les précédens.

On sait depuis longtemps que des blessures, des plaies, des abcès du mollet donnent lieu à un raccourcissement des muscles qui le composent, et ce raccourcissement à l'extension permanente du pied sur la jambe, c'est-à-dire au pied-bot équin. Ce fait, vulgaire pour le pied-bot, n'avait pas encore été considéré dans ses rapports avec la déviation de l'épine. Cependant les cas de contracture par suite de chutes, de coups, de blessures des muscles du dos se montraient assez souvent aux yeux des personnes qui s'occupent de ces maladies : leurs préoccupations étaient telles, et leur esprit était si éloigné du rapport qui existe entre les circonstances dont je viens de parler et la difformité qui en résulte, qu'elles regardaient l'énoncé de ces circonstances comme des fictions imaginées par les malades pour se rendre compte de leur difformité. Elles ne savaient pas, en effet, la liaison qu'il pouvait y avoir entre une chute, un coup donné sur les muscles du dos, et une déviation de la colonne. Non seulement cet ordre de faits existe bien réellement; non seulement les muscles contus sont frappés de rétraction; mais les formes anatomiques des déviations auxquelles ces accidens donnent naissance sont empreintes de caractères que j'ai indiqués dans la précédente partie de ce mémoire. Je n'ajouterai pas qu'une foule de maladies accidentelles, comme le rhumatisme, la courbature, les maladies éruptives, peuvent elles mêmes se résoudre dans la contracture de certains muscles. Il me suffit d'indiquer rapidement ces causes, pour montrer la liaison qui existe entre elles et les difformités qui peuvent en être la suite; car, bien que la lésion nerveuse ne se traduise, dans ces cas, que par la lésion du muscle lui-même, il est impossible, avec nos connaissances physiologiques actuelles, de récuser la justesse de l'induction, qui fait remonter de la rétraction du muscle à la lésion du nerf qui le dessert. Les muscles n'ont de motilité que par les nerfs; toutes les manifestations de cette propriété leur viennent des nerfs; les maladies nerveuses les mieux constatées modifient directement la motilité, depuis la contracture jusqu'à la paralysie complète : on peut donc, dans les cas où la rétraction spasmodique existe seule, et bornée à un seul muscle, conclure à une affection des rameaux ou filets nerveux qui s'y distribuent, c'est-à-dire, conclure de l'effet à la cause, quand la cause a été si bien vue produire cet effet.

Tel est le domaine général de la rétraction musculaire active comme cause des déviations latérales de l'épine. Après avoir énuméré les circonstances où cette cause est l'agent exclusif, ou au moins le seul et actif intermédiaire de causes plus éloignées, pour produire la déviation de l'épine, il me reste à démontrer que la rétraction musculaire active envahit encore, dans certains cas, le domaine des autres causes accidentelles de ces déviations, c'est-à-dire qu'elle entre pour quelque chose dans la production d'une partie de ces difformités. Cette circonstance, qui étend et généralise presque le domaine de la rétraction musculaire, comme base de l'étiologie de toutes les déviations latérales de l'épine, pourrait me jeter dans la confusion et l'exagération : je me hâte, pour prévenir cet inconvénient, et donner à cette cause, dernière partie de mon travail, le caractère de la démonstration, que je crois avoir donné aux précédentes, de la subordonner à une question de principe, aussi nettement posée que rigoureusement résolue.

QUATRIÈME QUESTION.

EXISTE-T-IL DES MOYENS CERTAINS DE DISTINGUER LES DÉVIATIONS QUI SONT LE PRODUIT DE LA RÉTRACTION MUSCULAIRE ACTIVE, DE CELLES QUI SONT DUES A D'AUTRES CAUSES ?

En annonçant que le plus grand nombre des déviations latérales de l'épine sont le produit de la rétraction musculaire active, j'ai implicitement reconnu que d'autres causes, mais moins fréquentes, peuvent donner lieu à des difformités du même nom. Il y a donc, à mes yeux, des déviations de l'épine autres que celles qui sont causées par la rétraction primitive des muscles du dos. Je tiens à faire cette déclaration explicite

pour n'être point accusé de me mettre en opposition avec les faits, et en
contradiction avec ce que j'ai écrit précédemment. J'ai, en effet, établi,
et le rapport de l'Académie sur mes premiers travaux en fait foi, qu'il
existe des déviations de l'épine *musculaires passives, des déviations
musculaires actives* et des *déviations osseuses*. C'est là un fait officiel-
lement authentique. La fréquence relative de ces déviations, par rapport
à celles qui m'occupent spécialement aujourd'hui, est inutile à établir
pour le moment. Elle l'est implicitement par l'indication que j'ai déjà
donnée des conditions dans lesquelles la rétraction musculaire progressive s'exerce. Les rapports numériques entre ces diverses déviations
pourront être donnés plus tard, mais sans aucun bénéfice pour éclairer
leur origine et leur nature, seul but et seule utilité qu'on doive en général rechercher dans la statistique des faits médicaux, car elle est parfaitement inutile quand l'origine et la nature différentielles des faits sont
réellement connues. Mais pour qu'on soit fondé à déclarer cette connaissance rigoureusement établie à l'égard des déviations de l'épine, il faut
non seulement avoir constaté la réalité des causes différentielles de ces
difformités, mais les moyens de reconnaître chacune d'elles en particulier quand elles se présentent, et, par conséquent, de ne pas les confondre, car cette condition, importante pour la détermination et la notion
scientifique, ne l'est pas moins pour l'application thérapeutique.

Et d'abord, j'ai établi dès longtemps une loi relative au rapport intime
qui existe entre les causes essentielles des difformités du système osseux
et les caractères à l'aide desquels elles se traduisent. Cette loi, dont la généralité est loin de se circonscrire dans l'ordre de faits qui nous occupe,
établit que « les causes essentielles des difformités du système osseux
possèdent une telle spécificité d'action à l'égard des déformations auxquelles elles donnent naissance, que chacune de ces causes se traduit à
l'extérieur par des caractères qui lui sont propres, et à l'aide desquels on
peut, en général, par la difformité diagnostiquer la cause, et par la cause
déterminer la difformité. » Si cette loi est rigoureusement exacte, elle
doit, pour s'appliquer aux difformités de l'épine, résoudre par l'affirmative la dernière question que j'ai soulevée.

Toutes les déviations latérales de l'épine offrent des phénomènes communs et des phénomènes propres. Ce fait est une première conséquence de la loi qui précède. Lorsqu'une cause quelconque tend à faire dévier la colonne de la verticale, dans la condition de la station debout, au même moment a lieu un mouvement instinctif des agens musculaires du tronc, pour maintenir ou rétablir l'équilibre, un instant troublé. Le mode d'action de la cause primitive de la déviation décide et détermine les caractères propres, et les efforts pour rétablir l'équilibre, efforts nécessaires dans toutes les déviations, puisqu'ils tiennent à la verticalité de l'épine, décident et déterminent les caractères communs. Dans toute déviation il y a donc des caractères propres, dépendant d'une cause spéciale, et des caractères communs produits par des conditions dynamiques communes, c'est-à-dire par les conséquences de la verticalité de la colonne. Ce principe était utile à établir, car il fait apercevoir au-delà des analogies superficielles, des caractères spécifiques différentiels certains, et il établit la combinaison des caractères des deux ordres, dont il importe de connaître l'existence et le siége, pour ne pas s'exposer à les confondre et conclure de l'existence de certaines ressemblances apparentes, à l'absence de différences et d'oppositions réelles. Or, comment se traduisent les phénomènes caractéristiques de chaque espèce de déviation et les phénomènes communs à tous?

J'ai dit que toute cause de déviation latérale de l'épine se résout nécessairement en une action mécanique, qui a pour offet de placer cette tige, en tout ou en partie, en dehors de la verticale. J'ai développé ailleurs ce fait, qui est l'intermédiaire absolu, nécessaire, de toutes les causes de déviations latérales de la colonne. La faiblesse musculaire générale, le défaut d'antagonisme parfait entre les muscles homologues du dos, la paralysie de quelques-uns d'entre eux, l'inclinaison anormale du plan de sustentation de la colonne, l'inégalité primitive des deux moitiés du squelette, le rachitisme ou les scrofules, toutes causes parfaitement établies et généralement reconnues, n'ont pas d'autre manière de produire des déviations de cette tige. Eh bien! chacune de ces causes a, comme la rétraction musculaire primitive, son extériorité propre ; chacune s'entoure, comme cette dernière, d'une collection d'effets, qui débordent presque toujours le fait et le théâtre de la déviation, mais qui éclairent son origine ; chacune met dans la physionomie de la difformité un ensemble de caractères, résultant du rapport intime de toute cause avec les parties qu'elle modifie. C'est ainsi que la faiblesse musculaire et ligamenteuse, qui donne lieu, sous l'action verticale de la pesanteur, à une espèce de déviation de l'épine, se manifeste dans tous les muscles et dans tous les ligamens, dans toutes les articulations du squelette, en même temps que la forme spéciale de la difformité accuse d'une manière rigoureuse le défaut de résistance de la colonne et des muscles destinés à la maintenir contre l'action verticale incessante du poids des parties supérieures. C'est ainsi que, dans une variété de déviations de la même espèce, celle produite par une élongation trop rapide et disproportionnée de la colonne, le défaut de rapport entre la longueur totale du corps et de la colonne entre la hauteur de la taille et l'âge du sujet, joint au siége spécial de ces déviations, à leur forme déterminée, à l'étendue et à la direction de leurs courbures, au rapport de la torsion avec ces dernières, ne laisse aucun doute sur leur origine ; c'est encore ainsi que les déviations rachitiques et scrofuleuses, expressions localisées de causes qui occupent toute l'économie, éclairent leur origine au reflet des autres effets de ces mêmes causes, tandis que la manière dont ces causes réalisent la déviation accuse de son côté l'essentialité de leur nature. Il serait trop long de cataloguer ici tous les caractères spécifiques de chaque cause : qu'il me suffise de dire que je les ai formulés ailleurs avec toute la précision nécessaire, et avec tous les développemens dont ils sont susceptibles, et on pourra s'en rapporter provisoirement à cette déclaration, par l'application que j'ai faite de cette doctrine à la détermination des déviations par rétraction musculaire active. Or, toutes les déviations essentielles sont, comme ces dernières, reconnaissables à cet ensemble de caractères généraux et locaux, reconnaissables à l'absence des caractères appartenant à d'autres espèces, abstraction faite des caractères communs à toutes. Or, quels sont ceux qui sont communs à toutes les espèces de déviations ? Précisément ceux qui émanent d'un certain degré d'intervention de la rétraction musculaire active, qui, comme je l'ai dit plus haut, se mêle à toutes les déviations, concourt à leur développement pour une part très difficile à déterminer.

J'ai dit plus haut que toutes les causes essentielles des déviations de l'épine marquaient, chacune à leur manière, le point de départ des difformités auxquelles elles donnent naissance ; que ce point de départ consistait en une certaine manière de déplacer la colonne de la verticale. Ce premier élan donné à la déviation, presque aussitôt les muscles de l'épine interviennent pour retenir ou ramener cette tige dans la ligne de gravité, et il s'établit une lutte entre ces deux puissances, la cause de l'inclinaison pathologique d'une part, et les muscles destinés à maintenir l'équilibre de l'autre, lutte à la suite de laquelle se produisent les courbures alternes, dont est toujours composée toute déviation de l'épine. Or, qu'est-ce que cette action des muscles du tronc produisant des courbures de balancement, sinon un mode particulier de la rétraction musculaire active, qui a pour résultat de déterminer un certain degré de raccourcissement dans les muscles employés à la production de ces mêmes courbures, proportionné à l'effort qu'ils doivent faire pour maintenir la colonne dans la ligne de gravité ? Ce mode de rétraction, dont la forme, l'influence et les effets sont les mêmes que ceux de la rétraction primitive, essentielle, diffère néanmoins quant à son motif et son origine; c'est pour cela que, si je l'ai placé à la suite de l'histoire de la rétraction musculaire spasmodique, comme offrant, dans des limites plus restreintes, certaines indications au traitement chirurgical des déviations de l'épine, je veux aussi lui conserver sa signification différentielle par une appellation propre : je nomme ce mode de rétraction *la rétraction active secondaire*, et ainsi je la différencie de la rétraction primitive et de la rétraction purement passive qui adapte la forme et les dimensions des muscles au trajet qu'ils parcourent et à l'espace qu'ils occupent. On peut donc dire, pour résumer cette dernière partie de mon mémoire, que la rétraction musculaire active secondaire est l'agent des courbures de balancement dans les déviations dépendantes de causes autres que la rétraction musculaire spasmodique, et que les caractères propres à ces courbures, qui se retrouvent dans toutes les déviations, constituent les caractères que j'ai appelés communs.

Telle est l'étiologie générale des déviations latérales de l'épine dans ses rapports avec la rétraction musculaire active. Dans un prochain mémoire, je mettrai cette étiologie générale en regard des variétés anatomiques des déviations qu'elle produit, et montrerai que chacune de ces dernières est l'expression de la rétraction musculaire active, différemment distribuée dans les muscles de la colonne et du dos.

FIN.

MÉMOIRE

SUR L'INTERVENTION

DE LA PRESSION ATMOSPHÉRIQUE

DANS LE MÉCANISME

DES EXHALATIONS SÉREUSES.

SÉRIE DE MÉMOIRES

SUR LES DIFFORMITÉS DU SYSTÈME OSSEUX,

Par le Docteur Jules Guérin.

PREMIER MÉMOIRE. — MÉMOIRE SUR L'EXTENSION SIGMOÏDE ET LA FLEXION DANS LE TRAITEMENT DES DÉVIATIONS LATÉRALES DE L'ÉPINE; lu à l'Académie royale de Médecine, le 15 novembre 1835; in-8°, avec planches. — Prix. . . . . 2 fr.

DEUXIÈME MÉMOIRE. — MÉMOIRE SUR LES MOYENS DE DISTINGUER LES DÉVIATIONS SIMULÉES DE LA COLONNE VERTÉBRALE DES DÉVIATIONS PATHOLOGIQUES; présenté à l'Académie royale de Médecine, le 2 juin 1836; précédé de trois Rapports faits à l'Académie sur ce mémoire; in-8°, avec planches. — Prix. . . . . 3 fr.

TROISIÈME MÉMOIRE. — MÉMOIRE SUR UNE NOUVELLE MÉTHODE DE TRAITEMENT DU TORTICOLIS ANCIEN; présenté à l'Académie royale des Sciences, le 3 avril 1838; in-8°. — Prix. . . . . . . 2 fr.

QUATRIÈME MÉMOIRE. — MÉMOIRE SUR L'ÉTIOLOGIE GÉNÉRALE DES PIEDS-BOTS CONGÉNITAUX; lu à l'Académie royale de Médecine, le 1er décembre 1838; in-8°. — Prix. . . . . 2 fr.

CINQUIÈME MÉMOIRE. — MÉMOIRE SUR LES VARIÉTÉS ANATOMIQUES DU PIED-BOT CONGÉNITAL DANS LEURS RAPPORTS AVEC LA RÉTRACTION MUSCULAIRE CONVULSIVE; présenté à l'Académie royale des Sciences, le 18 mars 1839; in-8°. — Prix. . . . . . . 2 fr.

SIXIÈME MÉMOIRE. — MÉMOIRE SUR LES CARACTÈRES GÉNÉRAUX DU RACHITISME; lu à l'Académie royale des Sciences, le 17 juillet 1837; in-8°, avec planches. — Prix. . . . . 2 fr.

SEPTIÈME MÉMOIRE. — VUES GÉNÉRALES SUR L'ÉTUDE SCIENTIFIQUE ET PRATIQUE DES DIFFORMITÉS DU SYSTÈME OSSEUX, exposées à l'ouverture des conférences cliniques sur les difformités, à l'hôpital des Enfans de Paris; suivies du RÉSUMÉ GÉNÉRAL DE LA PREMIÈRE SÉRIE DES CONFÉRENCES CLINIQUES. — Prix. . . . . 2 fr.

HUITIÈME MÉMOIRE. — MÉMOIRE SUR L'ÉTIOLOGIE GÉNÉRALE DES DÉVIATIONS LATÉRALES DE L'ÉPINE, PAR RÉTRACTION MUSCULAIRE ACTIVE; lu à l'Académie royale des Sciences, le 23 septembre 1839; in-8°. — Prix. . . . . 2 fr.

Au bureau de la GAZETTE MÉDICALE, rue Racine, n° 16.

MÉMOIRE

SUR L'INTERVENTION

DE LA

PRESSION ATMOSPHÉRIQUE

DANS LE MÉCANISME

DES EXHALATIONS SÉREUSES;

LU A L'ACADÉMIE ROYALE DES SCIENCES, LE 13 JANVIER 1840;

PAR

LE DOCTEUR JULES GUÉRIN,

DIRECTEUR DE L'INSTITUT ORTHOPÉDIQUE DE LA MUETTE, CHARGÉ DU SERVICE SPÉCIAL
DES DIFFORMITÉS A L'HOPITAL DES ENFANS MALADES DE PARIS.

PARIS,

AU BUREAU DE LA GAZETTE MÉDICALE,

RUE RACINE, Nº 16, PRÈS DE L'ODÉON.

1840.

IMPRIMERIE DE FÉLIX MALTESTE ET Cᵉ,
Rue des Deux-Portes-Saint-Sauveur, 18.

AVERTISSEMENT.

On s'est souvent élevé contre la prétention arbitraire de tout ramener, dans l'étude des phénomènes de l'organisme, aux lois de la physique générale. Cette opposition, légitime quand elle s'adresse à des vues spéculatives, à des aperçus hasardeux, à une généralisation systématique et prématurée, cesse d'être fondée quand elle proscrit la recherche expérimentale de ce qu'il peut y avoir de mécanique dans l'exercice des fonctions du corps humain. Il convient donc de distinguer ces deux manières de voir, dont l'une n'a d'autre résultat que de reproduire et de perpétuer des erreurs mille fois combattues, et l'autre tend, au contraire, à établir les vrais liens qui unissent l'organisme vivant au monde physique considéré comme un ensemble dont l'être organisé ne constitue qu'une partie. La différence de ces deux points de vue n'existe pas seulement dans le but qu'ils se proposent; ils diffèrent surtout par la manière dont on cherche à les établir. Pour les partisans de l'idée préconçue que tout est physique ou chimique dans le corps de l'homme, il n'est besoin ni d'observations précises, ni d'expériences rigoureuses, ni de raisonnemens sévères : quelques faits particuliers, les plus petites analogies suffisent ; or ce n'est point là le caractère de la vérité, ni la manière de procéder des sciences dont on invoque les lumières et l'intervention. Les esprits au contraire qui croient que la nature, tout en faisant de l'homme un système à part, l'a assujéti jusqu'à un certain point aux agens du monde extérieur et a établi des rapports intimes entre ces agens et lui ; ces esprits, dis-je, ne se contentent point d'aperçus généraux plus ou moins hypothétiques ; sans se préoccuper de l'essence de la vie, ils cherchent à pénétrer les conditions matérielles de ses fonctions, et à fixer, à l'aide d'expériences directes, l'analogie ou l'identité qu'elles peuvent présenter avec les conditions des phénomènes du monde matériel. Quand on arrive rigoureusement à des résultats de cette nature, on n'empiète pas prématurément et arbitrairement sur le domaine du principe de la vie ; mais on tend à dégager de plus en plus cette inconnue du problème compliqué où elle est enveloppée.

Le mémoire qui me suggère ces réflexions se rapporte à cette seconde manière d'envisager l'étude physique du corps humain. J'ai cru voir, et j'ai cherché à démontrer qu'il y a dans le mécanisme des sécrétions séreuses un fait tout mécanique, à savoir : que les cavités articulaires et les cavités des séreuses viscérales présentent périodiquement ou temporairement des ampliations des espaces qu'elles circonscrivent, ampliations d'où résulte, au sein de ces cavités, une tendance au vide, et par conséquent une certaine influence de la pression atmosphérique sur les exhalations qui sourdent à leur intérieur. Ce fait, quelle que soit sa portée, peut et doit être considéré en lui-même dans son existence propre et être admis comme fait, si les expériences, sur lesquelles j'ai cherché à l'établir, ont un caractère de démonstration rigoureuse. Le lecteur jugera si nous avons rempli ces conditions.

MÉMOIRE

SUR L'INTERVENTION

DE LA PRESSION ATMOSPHÉRIQUE

DANS LE MÉCANISME

DES EXHALATIONS SÉREUSES.

Les physiologistes se sont assez peu occupés du mécanisme à l'aide duquel les exhalations ou sécrétions séreuses s'exécutent. La plupart d'entre eux se sont bornés à faire l'histoire des phénomènes dans leurs derniers résultats, sans se préoccuper des phases qu'ils présentent et des causes qui les produisent. Je ne parle pas des explications purement hypothétiques empruntées à l'action générale de la vie, à l'irritabilité et à la sensibilité propre des organes, explications qui n'expliquent rien, qui ne reposent sur aucune donnée véritablement scientifique, sur aucune expérience positive, et dont la grande généralité ne constitue qu'un lien provisoire entre des faits dont les véritables rapports avec la vie et avec le monde extérieur n'ont pu encore être déterminés. C'est ainsi que le mécanisme de l'exhalation de la synovie dans les articulations, celui de la sérosité des plèvres, du péricarde, du péritoine, du fluide céphalo-rachidien, de l'exhalation séreuse du tissu cellulaire, sont restés jusqu'ici dans la plus complète obscurité.

Les observations et les expériences suivantes, relatives à la part que m'a paru avoir la pression atmosphérique dans le mécanisme des exhalations séreuses, concourront peut-être à jeter quelque jour sur cette importante question de physiologie générale.

PREMIÈRE PARTIE.

OBSERVATIONS ANATOMIQUES.

DES DISPOSITIONS ET DES RAPPORTS ANATOMIQUES DES PARTIES QUI SONT LE SIÉGE DES EXHALATIONS SÉREUSES.

Je vais examiner successivement les dispositions et les rapports anatomiques des parties qui sont le siége des exhalations séreuses, à savoir : les cavités articulaires, celles du péricarde, des plèvres, du péritoine, des méninges cérébrales et rachidiennes; en un mot, des différentes cavités qui sont le siége des exhalations séreuses. Et d'abord, qu'on ne s'étonne point de me voir aborder dans un même travail l'étude anatomique de tant de parties dont les dispositions matérielles sont si complexes qu'elles constituent à elles seules une des portions les plus étendues et les plus délicates de l'anatomie topographique. Le but que je me suis proposé n'est point de rappeler, sous quelque prétexte que ce soit, ce que l'on sait à cet égard; mais bien de signaler quelques dispositions nouvelles, communes aux différentes cavités dont il s'agit, dispositions qui me paraissent, par leur généralité, se rattacher à un but commun, et rendre les organes où elles se répètent tributaires des mêmes influences dans le mécanisme des exhalations dont elles sont le siége.

a. CAVITÉS ARTICULAIRES.

En examinant dans quels rapports se trouve la tête du fémur avec la cavité cotyloïde pendant les mouvemens de la cuisse sur le bassin, je me suis assuré de ce fait, à savoir que dans l'extension la surface de la tête fémorale dans toute sa périphérie est en rapport immédiat avec les points correspondans de la cavité qui la reçoit, en sorte qu'on peut dire, comme l'a démontré M. Weber, de Munich, que la tête fémorale et la cavité cotyloïde décrivent des courbes exactement du même rayon. Mais il n'en est pas ainsi dès qu'on imprime à la cuisse des mouvemens de flexion, d'adduction ou d'abduction. Contrairement à ce qu'a établi le physiologiste de Munich, j'ai vu que pendant chacun de ces mouvemens il se forme un espace assez considérable entre la surface de la tête fémorale et le fond de la cavité cotyloïde, espace qui varie de siége et d'étendue, suivant l'étendue et la direction des mouvemens de l'articulation. J'ai mis ce fait hors de doute en fixant d'une manière invariable l'os de la hanche et l'extrémité fémorale dans les positions dont il s'agit, et en enlevant avec précaution, et couche par couche, une partie du plancher de l'acétabulum par l'intérieur du bassin. On voit alors manifestement que, dans certains points de son étendue, la cavité cotyloïde est séparée de la tête fémorale par un espace qui peut s'étendre en profondeur jusqu'à près de trois millimètres, et en largeur jusqu'à deux ou trois centimètres.

MM. Weber frères ont démontré, comme on sait, par l'expérience, que les surfaces de cette articulation sont maintenues en rapport immédiat, principalement par la pression atmosphérique. Ces ingénieux physiologistes ont perforé le plancher de la cavité cotyloïde, et ils ont vu aussitôt la tête fémorale, sous l'influence de l'introduction de l'air, descendre d'une certaine quantité, en cédant au poids du membre. Mais MM. Weber n'avaient pas vu que pendant certains mouvemens de l'articulation coxo-fémorale, le centre de ces mouvemens ne répond pas au centre de la sphère fémorale, mais est intermédiaire à ce point et au corps de l'os; celui-ci servant de bras de levier fait décrire à la tête du fémur des arcs de cercle proportionnels à la longueur du rayon qu'elle mesure, et qui forcent sa surface cotyloïdienne à abandonner dans une certaine étendue les points correspondans de la voûte de l'acétabulum. Or, en admettant comme chose démontrée que la pression atmosphérique est la cause la plus puissante qui empêche la sortie de la tête du fémur de sa cavité, on ne peut méconnaître que les espaces établis extemporanément entre certains points de ces surfaces articulaires, en vertu d'efforts supérieurs à l'action de la pression atmosphérique, ne constituent des espaces vides ou tendant au vide, placés eux-mêmes sous l'influence de cette pression. Il résulte donc de cette première observation que l'articulation coxo-fémorale, hermétiquement fermée par ses capsules fibreuses, et offrant dans l'extension de la cuisse sur le bassin une coaptation parfaite de ses surfaces articulaires, coaptation entretenue par la pression atmosphérique, présente, pendant les mouvemens de flexion, d'adduction et d'abduction de la cuisse, des espaces vides au fond de l'articulation, résultant de la disjonction des surfaces articulaires sous l'influence d'efforts supérieurs à ceux de la pression atmosphérique, laquelle continue d'ailleurs à fermer l'orifice de l'articulation.

Ce premier fait établi, j'ai cherché à savoir, premièrement, si toutes les surfaces articulaires du squelette sont maintenues en rapport par la pression atmosphérique, indépendamment des muscles et des ligamens qui les environnent; et, secondement, s'il existe pour chaque articulation des mouvemens pendant lesquels certains espaces articulaires s'établissent immédiatement, ou bien si ceux qui existent subissent un accroissement quelconque.

Relativement au premier point, je me suis assuré par des expériences directes que l'influence contentive de la pression atmosphérique constatée par MM. Weber pour l'articulation coxo-fémorale seulement est un fait général commun à toutes les articulations arthrodiales. J'ai appris récemment qu'un frère des deux physiologistes de Munich est arrivé, de son côté, au même résultat, et a étendu comme moi l'observation particulière de ses frères à toutes les articulations du squelette : en sorte qu'il est aujourd'hui parfaitement établi que, indépendamment des autres moyens qui concourent au maintien en rapport des surfaces articulaires, la pression atmosphérique est une condition commune à toutes, et que chacune d'elles offre dans sa situation la plus naturelle, position qui est presque pour toutes l'extension, une coaptation exacte et hermétique des surfaces correspondantes, et l'application également hermétique sur leur pourtour des capsules fibreuses et fibro-celluleuses qui les enveloppent.

Partant de ce fait préalable de l'action de la pression atmosphérique comme principal agent du maintien en rapport et de la fermeture hermétique de toutes les articulations du squelette, et du fait de l'existence d'espaces vides pratiqués extemporanément entre une portion des surfaces de l'articulation coxo-fémorale, pendant certains mouvemens de la cuisse, j'ai cherché à savoir si toutes les articulations du squelette ne sont pas construites de manière à offrir comme l'articulation de la hanche, dans la succession et la variété de leurs mouvemens, des espaces nouveaux, ou des accroissemens marqués des espaces déjà existans.

Pour éviter des détails inutiles et qui tous conduisent aux mêmes conséquences, j'énoncerai immédiatement les résultats les plus généraux de mes recherches sur ce point. Or toutes les articulations du squelette, les grandes, les moyennes, les petites, les articulations qui sont le siége de mouvemens marqués, et dans l'intérieur desquelles on trouve de la synovie, offrent à différens degrés des conditions matérielles telles, que pendant ces mouvemens, elles présentent nécessairement des espaces qui n'existent pas au repos, ou un agrandissement des espaces préalablement existans. Ces changemens qui s'effectuent dans l'intérieur des articulations sont le résultat de deux ordres d'élémens : premièrement, des changemens de rapports des surfaces articulaires qui cessent de se correspondre suivant les mêmes plans et perdent ainsi les conditions respectives de leur contact et de leur parfaite coaptation; secondement, de la tension des muscles et des ligamens entourant l'articulation, lesquels, en vertu de l'écartement de leurs points d'insertion, se soulèvent, se tendent entre ces points et forment les parois résistantes des cavités improvisées ou agrandies. Ces deux ordres d'élémens constituent les conditions les plus générales de la formation de ces espaces ou cavités, conditions auxquelles peuvent être rapportés les divers cas présentés par toutes les articulations du squelette. Quelques exemples choisis parmi les cas les plus saillans montreront tout à la fois les faits eux-mêmes que je cherche à établir et les conditions les plus générales de leur production.

Au genou, pendant l'extension de la jambe sur la cuisse, les condyles du fémur sont appliqués contre la surface articulaire du tibia, de manière à la toucher par le plus grand nombre des points de leur surface. Les ligamens semi-lunaires placés en intermédiaires sont comme des coins destinés à compléter ce contact en comblant les espaces laissés entre ces surfaces et la portion la plus excentrique des condyles du fémur, là où ils se terminent en surfaces légèrement arrondies. De son côté, la rotule et les ligamens qui s'y attachent peuvent, en vertu du relâchement du triceps fémoral, du droit antérieur et des portions antérieures de la capsule articulaire du genou, s'appliquer complètement contre la dépression qui sépare antérieurement les deux condyles du fémur; en sorte que la pression atmosphérique établit dans cette position de l'articulation une coaptation parfaite entre les surfaces articulaires qui se correspondent, et une application de toutes les parties extérieures environnantes contre les pourtours de l'articulation. Mais aussitôt que le genou se fléchit, tous ces rapports et les conditions osseuses et ligamenteuses qui les déterminent changent. Les condyles du fémur ne touchent plus la surface articulaire du tibia que par leur partie la plus postérieure, c'est-à-dire par un nombre de points et dans une étendue beaucoup moins considérables. La partie la plus plane des condyles, c'est-à-dire celle qui correspondait au plan articulaire du tibia, devient libre et regarde en avant; elle forme la paroi postérieure d'un espace quadrilatère nouveau, limité en haut par la moitié inférieure de la face postérieure de la rotule qui est elle-même attirée ou au moins maintenue par la résistance du triceps; la rotule ainsi soulevée et maintenue en haut par la tension des muscles qui s'y insèrent, tend et soulève à son tour le ligament qui l'attache au tibia et forme avec ce dernier la paroi antérieure de l'espace quadrilatère dont il s'agit, tandis que la moitié antérieure de la surface articulaire du tibia, laissée libre par le soulèvement du ligament rotulien et le soulèvement de la moitié correspondante de l'extrémité articulaire du fémur forme sa paroi inférieure. De leur côté, les portions antérieures et latérales de la capsule articulaire se trouvant distendues par un écartement plus grand de leurs points d'insertion complètent l'ampliation de l'espace dont il s'agit, et empêchent la dépression de ses parois et leur refoulement vers l'intérieur de la cavité articulaire, sous l'influence de la pression atmosphérique. Voilà donc un espace considérable extemporanément produit par la réunion des deux conditions générales signalées plus haut, à savoir, un changement de rapport des surfaces osseuses correspondantes, qui ne se touchent plus que par un moins grand nombre de points, et par la tension et le soulèvement des muscles et des ligamens qui constituent des parois résistantes aux espaces nouvellement établis, et empêchent les parties extérieures environnantes d'être refoulées par la pression atmosphérique vers ces espaces pour les combler.

Les articulations de la jambe avec le pied, l'articulation huméro-cubitale et les articulations des phalanges des doigts, offrent d'autres exemples variés du même fait, répété dans des conditions un peu différentes et avec des résultats variés.

Au repos, l'articulation de la jambe avec le pied offre en avant et en arrière, à partir du rebord antérieur et postérieur de l'extrémité articulaire du tibia, un double espace résultant des prolongemens de la surface articulaire de l'astragale, et borné en avant par la capsule articulaire et les gaînes aponévrotiques des muscles fléchisseurs du pied sur la jambe, et en arrière par les muscles extenseurs du pied sur la jambe et les ligamens correspondans. Pour peu que le pied soit étendu ou fléchi sur la jambe, ces espaces changent d'une manière remarquable. Si le pied est fléchi, le rebord antérieur du tibia vient s'appliquer contre la dépression qui sépare en haut la tête de l'astragale de son corps, et les ligamens correspondans, relâchés par le rapprochement de leurs points d'insertion, s'appliquent immédiatement contre les plans profonds correspondans, et tout espace est comblé : en arrière, le contrairea lieu. Pendant que l'espace que j'appellerai tibio-astragalien antérieur se comble, l'espace postérieur correspondant et que j'appellerai tibio-astragalien postérieur s'agrandit par le glissement du tibia qui laisse une plus grande partie de l'astragale à découvert, en même temps que la capsule articulaire et les muscles extenseurs du pied sur la jambe sont soulevés et tendus par un éloignement plus grand de leurs points d'insertion, et forment ainsi la paroi postérieure de l'espace dont il s'agit. Lorsque au lieu d'être fléchi, le pied est étendu sur la jambe, un résultat opposé se manifeste; une portion plus considérable de la surface articulaire de l'astragale est mise à découvert en avant par le glissement du tibia en arrière; la capsule articulaire antérieure et les gaines musculaires correspondantes sont tendues et soulevées par l'écartement de leurs points d'insertion, et agrandissent ainsi l'espace tibio-astragalien antérieur déjà existant, en même temps que le postérieur est d'autant diminué et envahi par les parties molles correspondantes.

Au coude, on retrouve des dispositions analogues. L'articulation huméro-cubitale présente pendant l'extension et la flexion de l'avant-bras sur le bras, deux espaces, l'un antérieur, triangulaire, formé par la cavité coronoïde, dépression qui occupe le point de séparation de la trochlée humérale avec le corps de l'os, et fermé en avant par la paroi postérieure du brachial antérieur et les portions de capsules articulaires correspondantes; l'autre, également triangulaire, postérieure, limitée en arrière par la face antérieure du triceps brachial et les portions de capsules articulaires correspondantes, lesquelles complètent le triangle formé par le sommet de l'olécrâne et la cavité olécrânienne de l'humérus. Or ces deux espaces changent d'une manière remarquable pendant les mouvemens de flexion et d'extension de l'avant-bras. Dans la flexion, l'olécrâne laisse une plus grande portion de la trochlée humérale à découvert; il entraîne avec lui l'extrémité inférieure du triceps, ainsi que les attaches de la capsule articulaire qui s'y fixent; d'où résultent la tension et le soulèvement de ces parties. En avant, un résultat contraire se manifeste : par suite du glissement de l'apophyse coronoïde, les parties molles correspondantes sont relâchées et refoulées sans résistance par la pression atmosphérique contre les plans osseux profonds. L'inverse s'observe dans l'extension de l'avant-bras sur le bras, c'est-à-dire que l'espace triangulaire postérieur est diminué et l'antérieur augmenté. Ajoutons toutefois que par suite de la contraction des muscles fléchisseurs et extenseurs de l'articulation des triceps et biceps brachiaux, il y a toujours un certain degré de tension et de soulèvement des parties qui devraient être complètement relâchées par le rapprochement de leurs points d'insertion, ce qui ajoute un élément de plus aux causes d'agrandissement des espaces articulaires pendant les mouvemens de flexion et d'extension.

Pour terminer ces indications anatomiques par des articulations d'un ordre moins important, mais plus délicat, et montrer que les conditions matérielles que je viens de signaler dans la hanche, le genou, le pied et le coude se généralisent jusque dans les moindres articulations, je citerai celles des phalanges des doigts. Lorsque l'on examine, au moyen d'une coupe longitudinale et parallèle au plan de la flexion d'un doigt, ce qui se passe au niveau de l'articulation de la troisième avec la seconde phalange, on voit les dispositions suivantes : le tendon du fléchisseur profond se tend, soulève avec lui la paroi antérieure de la capsule articulaire, à laquelle il adhère, au moyen de sa capsule propre, et laisse entre la paroi ligamenteuse et les surfaces profondes correspondantes un espace triangulaire, dont le sommet est formé par l'angle résultant de l'inclinaison des deux phalanges l'une vers l'autre, et la base par le tendon soulevé du fléchisseur profond. Cet espace augmente ou diminue ainsi par la flexion ou l'extension de la phalange.

Telles sont les circonstances les plus générales que présentent les espaces articulaires pendant les mouvemens des articulations du squelette.

Ces circonstances établissent, comme je l'ai dit, que, pendant ces mouvemens, des espaces nouveaux se forment, ou ceux qui existent s'agrandissent sous la double influeuce du changement de rapport des surfaces articulaires et du soulèvement et de la tension des membranes capsulaires environnantes. Ces productions d'espaces nouveaux, ou ces agrandissemens des espaces existans, ne peuvent avoir lieu dans les articulations du squelette, fermées hermétiquement pendant le repos sans offrir un vide plus ou moins complet, ou au moins une tendance au vide, entre les points extemporanément et passagèrement séparés. Nous verrons plus tard les conséquences immédiates qui résultent de ces premières conditions, propres aux cavités articulaires. Poursuivons les mêmes conditions dans les autres cavités qui les répètent.

b. CAVITÉS DU PÉRICARDE, DES PLÈVRES, DU PÉRITOINE ET DE L'ARACHNOÏDE CÉRÉ-BRO-SPINALE.

Je réunis l'examen de ces différentes parties parce qu'elles offrent toutes les mêmes dispositions au point de vue où je veux les considérer et parce que ces dispositions ne sont que la répétition de celles que je viens de signaler dans les cavités articulaires.

Et d'abord, l'on sait que le péricarde, les plèvres, le péritoine et l'arachnoïde cérébro-spinale forment des cavités fermées de toutes parts, au moyen de leur double feuillet continu, lequel se réfléchit et s'étend successivement, en y adhérant, sur les parois du viscère et sur l'enveloppe extérieure qui le protège. Il y a donc entre ces deux feuillets, dits viscéraux et pariétaux, un espace quelconque, qui est susceptible de varier, de s'accroître ou de diminuer sous l'influence de deux conditions principales. Le feuillet pariétal étant maintenu fixé contre les parties environnantes, ces parties peuvent être soulevées, se développer et agrandir d'autant la cavité de la séreuse, si l'organe sur lequel se réfléchit et adhère son feuillet viscéral n'obéit pas au mouvement de soulèvement ou d'expansion du feuillet pariétal ; ou bien, seconde condition, le feuillet pariétal restant fixé avec la paroi contre laquelle il se réfléchit, le viscère éprouve des déplacemens, des contractions, des resserremens sur lui-même, qui entraînent consécutivement et proportionnellement le feuillet viscéral de la séreuse. Dans les deux cas, comme on le voit, soit que le feuillet pariétal soit éloigné du viscéral, soit que le viscéral soit éloigné du pariétal, ce changement de rapport ne peut exister sans produire entre les deux feuillets de la séreuse un espace nouveau ou un accroissement quelconque de la cavité qu'ils constituent. Ce résultat général ainsi formulé dans ses conditions principales de développement, il est facile de démontrer tour à tour son existence matérielle pour la cavité du péricarde, des plèvres, du péritoine et de l'arachnoïde cérébro-spinale.

Lorsqu'on ouvre le péricarde sur le cadavre, on acquiert la preuve que le cœur ne remplit pas complètement sa cavité, mais qu'il s'en faut d'un certain espace, que l'on admet comme nécessaire et suffisant à la liberté des mouvemens du cœur. Mais l'étendue de cet espace varie et doit varier singulièrement pendant les mouvemens respiratoires et de contraction du cœur. L'ampliation de la cavité du péricarde s'effectue pendant les mouvemens respiratoires, sous l'influence de la première condition que j'ai établie par le soulèvement et le dédoublement du feuillet pariétal du péricarde, par suite du soulèvement des parties extérieures, avec lesquelles il a des rapports intimes. On sait, en effet, que le péricarde adhère intimement d'une part au sternum, de l'autre au diaphragme; qu'il adhère supérieurement et postérieurement aux gros vaisseaux qu'il renferme à leur origine. Il est donc retenu par trois puissances en haut et en arrière, en avant et en bas, de manière à obéir aux déplacemens que ces parties éprouvent, en sens inverse, pendant l'acte respiratoire. Or, de ces parties, la première, le sternum, est portée en haut et en avant; la seconde, le diaphragme, est abaissée, tandis que les gros vaisseaux, formant résistance, empêchent le péricarde de céder exclusivement dans le sens du sternum et du diaphragme. Voilà donc le cas de l'ampliation d'une cavité séreuse par le soulèvement ou l'écartement des parties auxquelles adhère son feuillet pariétal. Ce n'est pas tout : pendant la contraction ou le relâchement de ses cavités, le cœur n'offre ni la même forme ni le même volume; la contraction de ses ventricules diminue nécessairement l'espace qu'il occupe d'une quantité égale à celle de la réduction de son volume pendant cet état ; or, le péricarde ne pouvant suivre ce mouvement de retrait du cœur que par son feuillet viscéral, il en résulte un nouvel accroissement d'espace au profit de la cavité intérieure. Voilà une application de la seconde condition que j'ai établie pour l'ampliation des espaces formés par les cavités des séreuses.

Sans avoir besoin d'entrer dans autant de détails pour les plèvres et le péritoine, il suffit de signaler les dispositions les plus générales des cavités qu'elles occupent et des viscères qu'elles revêtent pour montrer que les espaces compris entre leurs feuillets varient, comme dans le péricarde, sous la double influence du déplacement des parties auxquelles elles adhèrent et des viscères sur lesquels elles s'étendent.

Les plèvres costale et diaphragmatique sont, comme on sait, intimement unies aux parois thoraciques et à la surface pectorale du diaphragme; d'autre part, elles tapissent toute la surface du poumon; ses deux feuillets laissent entre eux un espace très étendu, susceptible de varier par l'ampliation ou le resserrement du thorax et l'ampliation ou la résistance des poumons. Il est presque superflu de montrer comment, pendant l'acte respiratoire, le feuillet pariétal thoracique et diaphragmatique de la plèvre est graduellement éloigné de son feuillet viscéral, ou du moins tend à accroître les espaces existans entre ces deux feuillets pendant le repos du thorax. Pour que le contraire existât, il faudrait que le poumon suivît instantanément et rigoureusement tous les mouvemens du diaphragme et de l'enveloppe thoracique. Or, bien que l'introduction rapide de l'air dans les poumons tende à ce résultat, la résistance que ce fluide éprouve de la part du tissu élastique du poumon, et le temps plus ou moins long qu'il met à envahir toutes ses cellules laissent entre l'instant de l'ampliation du thorax et celui de l'expansion du poumon un intervalle quelconque, pendant lequel les deux feuillets de la plèvre cessent de se toucher et de se correspondre dans tous leurs points. D'autres causes moins évidentes, telles que le mouvement expiratoire, le retour élastique du poumon sur lui-même, la circulation, la parole, la marche, les efforts, circonstances sur lesquelles je ne m'appesantirai point, peuvent encore modifier les rapports de contact et de correspondance des deux plèvres. Si la réalité de ces changemens ne ressortait pas d'une manière assez évidente des circonstances que j'ai indiquées, l'expérimentation directe ajouterait, comme on le verra plus bas, ses lumières à celles du raisonnement.

La cavité du péritoine offre des circonstances et des dispositions analogues à celles des plèvres; c'est pour cela que nous n'avons pas insisté sur toutes les particularités propres à établir la variabilité des espaces résultant des changemens de rapport de ces dernières. Ce que nous avons à dire de la cavité péritonéale s'appliquera donc en grande partie à la cavité des plèvres et tendra à compléter la démonstration du fait de l'ampliation périodique de cette cavité sous l'influence des mouvemens périodiques de la respiration.

Et d'abord, la cavité du péritoine offre une disposition toute spéciale, en vertu de laquelle il doit nécessairement s'établir, entre ses deux feuillets, des espaces incessamment variables pour le siége, le nombre, la forme et l'étendue. Cette disposition consiste dans le défaut de rapport entre la forme, l'étendue et les distributions du feuillet pariétal, lequel correspondant à la paroi régulière de l'abdomen, et la forme, l'étendue et les sinuosités infinies du feuillet viscéral, si varié et si changeant dans ses distributions nombreuses entre tous les viscères et toutes les parties de l'intestin qu'il enveloppe. Or quelque élasticité qu'on suppose aux intestins, quelles que puissent être la souplesse et la ténuité des replis de la séreuse qui les recouvre, il est impossible de supposer entre les deux feuillets, ni même entre les replis du feuillet viscéral, des rapports assez exacts pour qu'à chaque déplacement des parties tout espace soit immédiatement comblé et que tous les points des deux surfaces restent constamment appliqués l'un contre l'autre. D'ailleurs il est sur certains points des obstacles matériels au contact complet et à la pénétration des parties environnantes, comme, par exemple, le repli gastro-hépatique qui joint le sillon horizontal du foie et la petite courbure de l'estomac, sorte de pont transversal dont il y a plusieurs autres exemples. Mais la diversité seule des surfaces en rapport, dont les unes, comme celles de l'intestin, offrent des contours plus ou moins arrondis, les autres, comme le foie, des bosselures et des bords saillans, doit nécessairement empêcher leur coaptation hermétique entre elles et avec la paroi abdominale. Un assemblage de plans et de reliefs si divers, comme celui qui résulte de l'agglomération du paquet intestinal et des viscères abdominaux, exclut donc l'idée d'un contact parfait. On conçoit qu'avec de telles dispositions anatomiques le mouvement respiratoire, le ballottement du ventre par la marche et les attitudes, les mouvemens péristaltiques des intestins, provoquent des tiraillemens incessans, des glissemens, des roulemens qui, en séparant les parties et changeant leurs rapports, déterminent la formation incessante d'espaces divers; espaces qui ne pourraient être comblés aussitôt que produits que par des corps assez ténus et assez subtils pour s'y adapter comme ferait un fluide élastique. Or, tels ne sont pas le

oie, la rate, les reins, l'estomac et les intestins : tous solidaires des mouvemens imprimés au corps, tous obéissant à l'action de la pesanteur, tous
jusqu'à l'intestin lui-même, lorsqu'il est rempli de matière alimentaire,
soumis à une forme déterminée. Certes les parois abdominales sont émi-
nemment compressibles, susceptibles de se réduire ou de se dilater considérablement; mais elles ne le peuvent faire que suivant un même plan,
et non suivant les plans si mobiles, si accidentés, des parties qu'elles recouvrent.

Je termine ces considérations anatomiques par celles qui ont trait aux
cavités des séreuses cérébro-spinales. Les dispositions de ces cavités exi-
gent d'être étudiées à part, parce qu'elles dépendent de quelques rapports du cerveau et de la moelle avec ses membranes, qui ne me paraissent
pas avoir été suffisamment précisées.

Les auteurs qui ont indiqué avec le plus de soin les rapports du cerveau et de la moelle avec les méninges ne font pas mention d'une disposition qu'il me paraît utile de signaler ici. Tous s'accordent à dire qu'entre
la moelle et la dure-mère, entre le cerveau et la dure-mère, se trouve
l'arachnoïde, dont un des feuillets, le feuillet viscéral, se réfléchit sur la
dure-mère, et l'autre sur le cerveau et la moelle dont elle est séparée par
la pie-mère. M. Magendie qui a mieux précisé, comme on sait, tout ce
qui a trait au fluide céphalo-rachidien, a montré le premier que ce fluide est
renfermé dans l'espace sous-arachnoïdien, et se trouve en communication
directe avec les ventricules du cerveau au moyen d'une ouverture spéciale
placée entre l'extrémité supérieure de la moelle et le quatrième ventricule.
M. Magendie s'est arrêté là; mais notons qu'il a été plus loin que ses devanciers, qui ne parlent pas des communications des ventricules du cerveau avec l'espace sous-arachnoïdien. Cependant ce n'est pas tout. Il y a
un autre espace entre la dure-mère et le feuillet libre de l'arachnoïde,
qui se continue avec le même espace correspondant au cerveau, en sorte
que la cavité sous-arachnoïdienne communique avec l'intérieur du cerveau, et la cavité arachnoïdienne, proprement dite, communique avec la
cavité arachnoïdienne extérieure du cerveau. Du mercure injecté dans
l'espace sous-arachnoïdien se rend dans les quatre ventricules, et injecté

dans la cavité arachnoïdienne de la moelle, il se rend partout à la surface du cerveau. Cette double disposition, qu'on pouvait conclure des notions acquises, mais qui n'avaient pas été suffisamment précisées, sur les rapports de l'arachnoïde cérébro-spinale avec la masse encéphalo-rachidienne, était indispensable à spécifier nettement pour faire apprécier les rapports différens qui s'établissent successivement entre les parties extérieures et intérieures du cerveau. Voici, en effet, comment les choses se passent.

Dans le mouvement d'expansion du cerveau, les cavités intérieures se dilatent; leurs parois se séparent et agrandissent d'autant les ventricules qu'elles circonscrivent. A ce mouvement d'expansion de la masse encéphalique correspond un rapprochement des parois de la cavité arachnoïdienne cérébrale périphérique. Le contraire a lieu lorsque le cerveau se contracte et s'abaisse; c'est-à-dire qu'il y a resserrement de ses cavités intérieures et ampliation des espaces arachnoïdiens extérieurs. Voilà, comme on le voit, la répétition des circonstances que nous avons notées pour toutes les cavités séreuses. Je m'abstiens pour le moment de tirer de ces dispositions les conséquences qui peuvent en sortir pour éclairer le mécanisme de la sécrétion et de la double circulation des fluides cérébro-rachidiens dans la double cavité arachnoïdienne et sous-arachnoïdienne, et pour rendre compte, surtout, de la circulation générale de l'encéphale.

DEUXIÈME PARTIE.

EXPÉRIENCES.

Si les dispositions que j'ai fait connaître dans la première partie de ce mémoire sont réelles, c'est-à-dire s'il se forme extemporanément, sous l'influence de certains mouvemens, des espaces nouveaux ou des accroissemens d'espaces existans à l'intérieur de cavités fermées de toutes parts, il peut arriver l'un ou l'autre de ces deux cas : ou bien des matières environnantes peuvent, en se déplaçant, combler instantanément les espaces nouvellement pratiqués, ou bien il existe réellement et passagèremen des espaces vides ou tendant au vide, incessamment placés sous l'influence

concentrique de la pression atmosphérique. Dans le premier cas, il y aurait une expansion, une dilatation des parties environnantes qui ne per-
mettraient de constater par aucun moyen le vide ou la moindre tendance
au vide. Dans le second cas, on pourrait, au contraire, prouver par des
expériences directes qu'il y a réellement une certaine tendance au vide,
ou, pour parler plus rigoureusement, un défaut d'équilibre entre la pression intérieure et la pression extérieure, défaut d'équilibre qui n'est immédiatement comblé par rien, et qui par conséquent laisse à la pression
extérieure la plus grande part de son influence concentrique. Pour résoudre cette difficulté, j'ai fait les expériences suivantes.

a. EXPÉRIENCES SUR LES CAVITÉS ARTICULAIRES.

PREMIÈRE EXPÉRIENCE. — J'ai pris le cadavre d'un adulte. La jambe
étant placée dans l'extension sur la cuisse, j'ai pratiqué au niveau de la
partie antérieure et externe de l'articulation du genou une petite ouverture pénétrant jusqu'à l'intérieur de cette articulation. J'ai introduit par
cette petite ouverture l'extrémité effilée d'un tube recourbé et gradué de
deux lignes de diamètre, analogue au tube de Welther, dans lequel se
trouvait un liquide coloré.

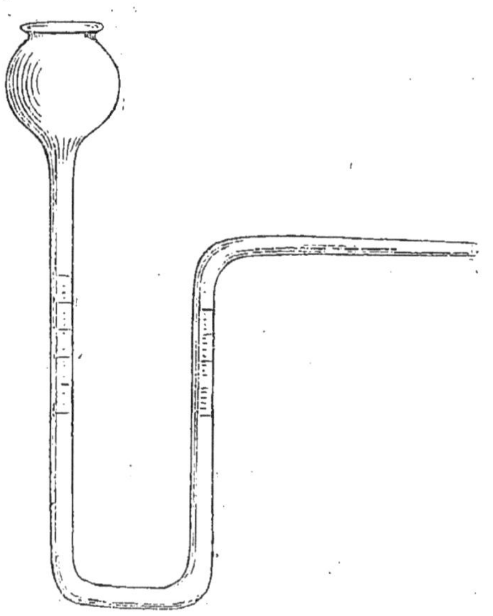

Le niveau des deux colonnes de liquide ne s'élevait qu'à la moitié de la hauteur des deux branches parallèles ascendantes du tube, de manière à lui permettre (au liquide) de s'élever d'un côté d'une certaine quantité, et de s'abaisser d'une quantité correspondante de l'autre côté, en cas de pression inégale de la part des deux milieux en rapport avec chaque colonne de liquide. La circonférence de la portion du tube introduite dans l'articulation du genou fermait hermétiquement l'ouverture qui lui avait donné passage, et son extrémité correspondait au point de réunion des deux surfaces articulaires du fémur et du tibia. Les choses étant ainsi disposées, j'ai fait exécuter à la jambe un mouvement de flexion sur la cuisse; j'ai vu immédiatement le liquide renfermé dans le tube monter vers l'extrémité correspondant à l'intérieur de l'articulation, et reprendre sa première position dès que je replaçais la jambe dans l'extension. Le mouvement d'ascension du liquide suivait exactement le mouvement de flexion du genou, se reproduisait et cessait avec lui. Cependant la rapidité et le degré d'ascension du liquide variait suivant certaines positions du tube, à tel point que, dans une position déterminée, le liquide s'est élevé brusquement et a fait irruption dans la cavité articulaire.

Deuxième expérience.—J'ai pratiqué la même expérience à l'articulation coxo-fémorale. La cuisse étant maintenue dans l'extension sur le bassin, de manière à ne laisser aucun espace entre la surface de la tête fémorale et le plancher cotyloïdien, j'ai perforé ce dernier avec les plus grandes précautions, au moyen d'un foret appliqué par l'intérieur du bassin sur le point correspondant au sommet de l'articulation, et de manière à tomber perpendiculairement à leur plan de tangence. Pendant ce travail, je faisais maintenir le fémur fixe et en rapport immédiat avec le fond de la cavité cotyloïde. Lorsque j'ai eu la certitude d'être arrivé jusqu'à la surface de la tête fémorale, j'ai introduit l'extrémité de mon tube, revêtue d'un bouchon en liége, d'un diamètre suffisant pour fermer hermétiquement l'ouverture pratiquée au plancher de l'acétabulum. J'ai fait ensuite décrire à la cuisse des mouvemens de flexion, d'adduction et d'abduction, très limités d'abord, et j'ai vu à chacun de ces mouvemens la colonne de liquide coloré s'élever vers l'articulation, suivre chacun des mouvemens dont il s'agit, et redescendre au niveau de la colonne en rapport avec l'air extérieur, chaque fois que je ramenais la cuisse dans l'extension. Après avoir répété la même pratique un certain nombre de fois, j'ai porté brusquement la cuisse dans la flexion et un peu dans l'abduction, et tout le liquide du tube s'est précipité dans l'intérieur de l'articulation, moins la dixième partie de la colonne environ qui dépassait en dehors l'orifice de l'articulation, et qui était continue avec les neuf autres dixièmes de la colonne du liquide qui avait envahi sa cavité. Après quelques autres mouvemens, la totalité du liquide fut attirée dans l'intérieur de l'articulation, et à chaque retour de la cuisse à l'état d'extension, il en sortait une certaine quantité mêlée de bulles d'air, qui avait pénétré avec la dernière portion du liquide. Je ferai remarquer que pendant tous ces mouvemens j'ai eu soin de maintenir la tête du fémur appliquée contre le fond de la cavité cotyloïde, pour m'opposer à l'action du poids du membre.

Ces deux expériences me parurent suffire pour établir d'une manière directe les faits qui l'avaient été d'une manière moins positive par l'observation anatomique. Il résulte donc de ces deux ordres de faits, de l'observation et de l'expérience, que pendant certains mouvemens ou certaines positions du membre, qui ne sont pas l'extension, il se forme dans l'intérieur de l'articulation du genou et de la cuisse des espaces nouveaux, ou des agrandissemens des espaces existans, ce qui rompt l'équilibre entre la pression extérieure et la pression intérieure, et produit au sein de ces articulations une tendance au vide ou un certain degré de vide instantané, d'où résulte un effort de succion sur leurs parois internes et sur les parties qu'elles renferment.

Il m'a paru inutile de répéter les mêmes expériences pour toutes les articulations du squelette : leurs dispositions anatomiques sont les mêmes, leurs fonctions les mêmes; j'ai pu par conséquent m'en tenir aux résultats fournis par les articulations du genou et de la cuisse.

b. EXPÉRIENCES SUR LES CAVITÉS DU PÉRICARDE, DES PLÉVRES, DU CERVEAU ET DE LA MOELLE.

L'analogie que j'ai montrée entre les dispositions anatomiques du péricarde, des plèvres, du péritoine, des cavités cérébro-spinales et celles des cavités articulaires des membres, impliquait, pour être admise dans toute sa puissance, une sanction analogue de la part de l'expérimentation. On devait partout démontrer par l'expérience directe que les cavités des séreuses sont, comme les cavités articulaires, soumises incessamment à des conditions d'ampliation, qui détruisent l'équilibre existant entre la pression intérieure et la pression extérieure. Pour mettre ce fait hors de doute, j'ai procédé de la manière suivante.

TROISIÈME EXPÉRIENCE. — J'ai fait au niveau du cinquième espace intercostal gauche d'un jeune chien une ponction pénétrant dans l'intérieur des plèvres; immédiatement j'y ai appliqué l'extrémité de mon tube recourbé, en ayant soin de le faire arriver jusque dans l'intérieur de la cavité pleurale, et de fermer complètement autour du tube l'orifice qui lui avait donné passage. A peine ces précautions avaient-elles été prises, que j'ai vu, à chaque mouvement respiratoire, pendant le temps de l'inspiration, j'ai vu, dis-je, le liquide s'élever dans la portion du tube correspondant à la plèvre, et descendre à chaque temps d'expiration et répétant la succession de ces deux mouvemens d'une manière exactement isochrone à ceux de la respiration. En variant l'inclinaison du bec du tube, son degré de pénétration, j'ai obtenu des degrés d'ascension différens du liquide qu'il renfermait.

QUATRIÈME EXPÉRIENCE. — J'ai mis à découvert sur un jeune chien la portion antérieure gauche du péricarde, en enlevant une partie de la moitié inférieure du sternum et des cartilages costaux correspondans. J'ai fixé avec une pince à dissection une portion du péricarde, et j'y ai pratiqué une très petite ouverture, pour recevoir le bec de mon tube recourbé. A peine fut-il introduit dans la cavité de la séreuse, qu'au même instant le liquide coloré remonta, comme dans l'expérience précédente, à chaque contraction des ventricules, d'une quantité qui variait à chaque mouvement du cœur, mais dont les variations étaient toujours isochrones à ces mouvemens : j'ai répété plusieurs fois la même expérience, et jusqu'au dernier battement du cœur de l'animal, le liquide a marqué, par ses oscillations périodiques, les ampliations périodiques de la cavité du péricarde, sous l'influence de la respiration et des contractions du cœur.

Cinquième expérience. — J'ai mis à découvert, sur un jeune lapin, à la partie postérieure du cou, les membranes de la moelle, au niveau de l'espace compris entre le rebord de l'occiput et l'arc de l'atlas, la tête de l'animal maintenue dans une forte flexion ; j'ai soulevé sur une aiguille courbe très fine la dure-mère et le feuillet libre de l'arachnoïde. La portion soulevée des membranes comprises entre les deux piqûres de l'aiguille ayant été divisée, j'ai introduit immédiatement l'extrémité de mon tube, et j'ai vu aussitôt le liquide monter et descendre alternativement, comme dans les expériences précédentes, d'une manière isochrone aux mouvemens du cerveau. Je dois dire qu'il ne m'a jamais été possible, quelque précaution que je prisse, de passer mon aiguille entre le feuillet pariétal et le feuillet libre de l'arachnoïde, en respectant ce dernier ; toujours celui-ci a été compris dans l'ouverture pratiquée sur l'aiguille, et c'est toujours dans la cavité triangulaire, qui correspond à la jonction de la moelle avec le bord postérieur et inférieur du cervelet, et qui est formée par le feuillet libre de l'arachnoïde, que mon tube a pénétré. Cet espace est, comme l'a établi M. Magendie, l'aboutissant des cavités ventriculaires, qui met ces cavités en communication libre avec la cavité spinale du liquide céphalo-rachidien. Or, dans plusieurs expériences, répétées avec le plus grand soin sur les animaux de la même espèce, j'ai constamment obtenu le même résultat. J'ajouterai que, sans avoir besoin d'introduire mon tube, je pouvais, en découvrant l'arachnoïde en ce point, constater l'existence d'un double mouvement d'expansion isochrone au mouvement d'élévation ou d'abaissement du liquide coloré du tube.

Il me restait à vérifier si j'obtiendrais les mêmes résultats à l'égard de la cavité crânienne. Voici comment j'y suis parvenu.

Sixième expérience. — J'ai enlevé au crâne d'un lapin adulte, vers la bosse pariétale gauche, une portion de la paroi osseuse, de 15 millimètres de diamètre environ. J'ai ensuite perforé la dure-mère en la soulevant avec une pince, et j'ai introduit, par une ouverture du diamètre de l'extrémité de mon tube, cette extrémité, en prenant les précautions nécessaires pour ne pas perforer l'arachnoïde viscérale, ni atteindre la pulpe cérébrale. Dans ce but, et pour ne pas fermer l'ouverture du tube en l'appliquant contre la surface des circonvolutions cérébrales, je maintins son extrémité dirigée obliquement; et je vis, comme dans l'expérience précédente, la colonne de liquide correspondant au cerveau monter et descendre à chaque mouvement de retrait et d'expansion de la masse encéphalique. J'ai répété l'expérience plusieurs fois, et le résultat s'est toujours manifesté le même.

Que conclure de ces expériences? Qu'elles confirment en tout point les inductions tirées des dispositions anatomiques des parties, à savoir que, pendant les mouvemens du cœur, des poumons, du péritoine, du cerveau et de la moelle, comme pendant les mouvemens alternatifs de flexion et d'extension des articulations du squelette, il s'établit des espaces nouveaux dans les cavités correspondantes, ou des accroissemens des espaces existans, en vertu desquels la pression exercée à l'intérieur de ces cavités est sensiblement moindre que celle exercée à l'extérieur par la pression atmosphérique; d'où il suit que cette dernière pèse de toute la différence de ces deux actions sur l'extérieur des cavités, tend à refouler à leur intérieur les fluides qui doivent établir par leur exhalation l'équilibre des deux pressions.

TROISIÈME PARTIE.

CONSÉQUENCES PHYSIOLOGIQUES ET APPLICATIONS PATHOLOGIQUES.

Je n'ai presque fait jusqu'ici qu'exposer les conditions matérielles d'un phénomène, en démontrer l'existence par des expériences directes, sans me préoccuper de son résultat final, de son importance, et des applications dont il peut être susceptible. Nous allons aborder ces différens points de vue de la question.

Il est évident et incontestable que les cavités des séreuses articulaires et autres du corps humain présentent périodiquement pendant certains mouvemens, les conditions d'une pompe, d'une ventouse, qui raréfient les fluides renfermés dans leurs cavités, et établissent par cette raréfaction un défaut d'équilibre entre la pression extérieure atmosphérique et la pression intérieure de ces cavités, pressions qui, au repos, se font équilibre. Cette différence de pression entraîne, de toute nécessité, une action de succion et d'aspiration analogue à celle de la pompe ou de la ventouse. Le fait est matériellement incontestable; ce qui peut être contesté, c'est le degré plus ou moins énergique de cette succion; aussi n'abordé-je pas cette évaluation pour le moment : je me borne à établir comme une chose démontrée que les cavités des séreuses sont périodiquement soumises à une action de succion qui doit provoquer et faciliter la sortie des fluides exhalés, soit que ces fluides soient préalablement élaborés dans les petits canaux qui les versent, soit que la succion qui les provoque soit elle-même l'agent essentiel de cette production. En m'en tenant à ce rapport entre le fait de l'exhalation des séreuses et les efforts de succion qui les favorisent, les provoquent ou les déterminent, sans rien préjuger jusqu'ici à laquelle de ces trois actions ce rapport peut être élevé, je m'arrête devant son existence comme devant une condition qui joue un rôle important, n'importe lequel, dans l'accomplissement des exhalations séreuses. Je joindrai à ces preuves quelques considérations qui me semblent devoir compléter la démonstration.

Tous les physiologistes ont remarqué que l'on éprouve d'autant plus de difficulté à mouvoir les articulations qu'on se trouve sur des montagnes plus élevées, c'est-à-dire que la pression atmosphérique est moindre. Il est encore d'observation presque vulgaire que les membres maintenus longtemps dans l'immobilité éprouvent une grande difficulté à se mouvoir; les articulations éprouvent des frottemens plus sensibles et accusés par des bruits de crépitation douloureuse. On sait même qu'une des conditions de l'ankylose des articulations c'est la parfaite immobilité. Il n'est pas nécessaire qu'il y ait maladie de l'articulation : l'immobilité seule des parties, continuée un temps assez long, amène l'ankylose. Est-il besoin de montrer les rapports de ces faits avec l'action de la pression atmosphérique sur la production des exhalations synoviales et des autres séreuses? Voilà, si je ne me trompe, autant de circonstances physiologiques qui tendent à compléter la démonstration du principe qui fait l'objet de ce mémoire et qui reçoivent à leur tour de ce principe une solution qu'elles n'avaient pas eue jusqu'ici. D'autres faits appartenant à l'ordre pathologique auront ce double résultat d'appuyer la doctrine et d'en recevoir des lumières.

Tout le monde sait, depuis l'ingénieuse expérience de notre honorable confrère, M. Jobert, de Lamballe, que l'adhésion des feuillets de la séreuse péritonéale est facile à obtenir lorsqu'on les maintient dans un contact parfait. On sait, au contraire, que les surfaces des muqueuses ne peuvent pas contracter ces adhérences, quelque précaution qu'on emploie. Dans le premier cas, la séreuse, n'étant plus soumise à une des conditions indispensables à l'exhalation du fluide, peut contracter immédiatement une adhésion qui ne sera pas troublée par la présence incessante de la matière sécrétée, cette adhésion immédiate devenant un obstacle à la continuité de cette sécrétion. Dans le second cas, la muqueuse continuant à verser son fluide dans l'intervalle de ses deux feuillets, la présence de ce fluide incessamment renouvelé empêche les deux surfaces d'adhérer immédiatement. Les mêmes notions n'expliquent-elles pas d'une manière toute simple et toute rationnelle les adhérences que contractent si facilement les surfaces correspondantes des diverses séreuses, à la suite des épanchemens dont elles sont le siége; comme au péritoine, au péricarde et entre les feuillets des plèvres. Terminons ces applications par des faits d'un ordre plus élevé et plus important pour la pathologie.

Tous les médecins savent de quel danger sont entourées les plaies qui pénètrent dans les articulations, dans le péritoine, dans les plèvres, dans le péricarde; la notion empirique de ce fait était aussi bien établie que la gravité des accidens qui s'y trouvent liés. Personne, cependant, n'en avait donné, ni même essayé d'en donner une raison quelconque; de là l'ignorance des moyens véritables de s'opposer à ces accidens. Cependant quoi de plus simple à déterminer maintenant que nous connaissons l'influence de la pression atmosphériqne sur le mécanisme des exhalations séreuses, que les résultats produits par la cessation de cette condition ? L'air qui pénètre librement dans les cavités des séreuses entrave le mécanisme de leur exhalation; les fluides dont la sécrétion doit être nécessairement provoquée par une succion périodique exercée à l'orifice des vaisseaux exhalans, stagnent dans ces vaisseaux, les engorgent et amènent des accidens proportionnés à cet engorgement. Nous avons à peine besoin de formuler ici les conséquences pratiques qui découlent de la connaissance de ces rapports; éviter l'introduction de l'air dans les cavités des séreuses, l'en expulser et lui fermer tout passage; ces principes d'ailleurs existaient en partie comme résultats de l'empirisme, mais à l'état de préceptes incohérens, incomplets et non acceptés par tous.

Nous ne pousserons pas plus loin ces applications physiologiques et pathologiques du principe que nous avons cherché à établir dans ce mémoire; quelque effort de généralisation que l'on fasse, il n'est jamais possible de prévoir immédiatement toutes les applications dont un fait nouveau est susceptible; l'expérience nous porte bien souvent au-delà de nos prévisions.

Je me suis borné, dans ce premier mémoire, à établir l'existence du fait de l'intervention de la pression atmosphérique comme élément actif des exhalations séreuses, et à indiquer les conséquences les plus générales de ce fait; il me reste à apprécier plus rigoureusement le degré d'action de cette influence, à la mesurer s'il est possible dans son intensité; et à en déterminer la portée relative dans le mécanisme de la fonction, ces différens résultats, propres à compléter la notion du rôle que joue dans la production des sécrétions séreuses l'intervention de la pression atmosphérique, n'ajouteront rien à la démonstration de l'existence de cet élément fonctionnel nouveau, lequel me paraît suffisamment établi par les observations anatomiques, les expériences physiologiques et les faits pathologiques consignés dans ce mémoire. En conséquence, je me crois fondé à tirer de ce premier travail les conclusions suivantes.

1° Les articulations du squelette présentent pendant la plupart des mou -

vemens dont elles sont le siége une ampliation extemporanée des cavités qu'elles forment, ou donnent lieu à la formation d'espaces nouveaux, qui n'existent pas au repos des articulations. Ces accroissemens des espaces existans, ou ces développemens d'espaces nouveaux sont le résultat de deux ordres de conditions, à savoir : les changemens de rapports des plans des surfaces articulaires, et la tension des parois ligamenteuses et musculaires des articulations, par suite de l'écartement de leurs points d'insertion.

2° Toutes les cavités des séreuses du corps humain, les cavités des plèvres, du péricarde, du péritoine, des méninges rachidiennes et cérébrales, présentent comme les cavités articulaires des ampliations périodiques des espaces qu'elles circonscrivent. Ces ampliations résultent du soulèvement du feuillet pariétal de la séreuse, entraîné par le développement des parties qu'elle tapisse, et de l'abaissement du feuillet viscéral, par suite de la contraction ou du déplacement des viscères qu'elle enveloppe.

3° Les ampliations des cavités articulaires et des diverses séreuses du corps humain réalisent extemporanément des espaces fermés de toute part, sous l'influence desquels l'équilibre des pressions intérieure et extérieure se trouve détruit au profit de la pression extérieure, d'où un refoulement des fluides vers l'intérieur des cavités et un effort de succion périodiquement exercé sur les surfaces et les orifices ouverts à l'intérieur de ces mêmes cavités.

4° L'intervention de la pression atmosphérique comme élément actif dans le mécanisme des sécrétions séreuses, établie par les dispositions anatomiques des parties, par l'expérience directe, l'est encore par les faits pathologiques. L'adhésion facile des séreuses juxtà-posées, la diminution, la suspension de l'exhalation do la synovie, et finalement l'ankylose liée à l'immobilité plus ou moins complète des articulations; leur rigidité sous l'influence d'une diminution de la pression atmosphérique pendant le séjour sur les montagnes élevées, et les accidens spéciaux des plaies pénétrantes de toutes les cavités séreuses, tirent leur signification réelle de l'action de la pression atmosphérique sur les sécrétions séreuses, et sont autant de témoignages à l'appui de cette doctrine.

Dans un prochain mémoire, je chercherai à fixer le degré d'action de la pression atmosphérique dans la production des sécrétions séreuses, et à déterminer l'influence relative de ce nouvel élément par rapport à ceux qui peuvent concourir à l'exécution de cet ordre de fonctions.

FIN.

MÉMOIRE

SUR UNE

NOUVELLE MÉTHODE DE TRAITEMENT

DU

TORTICOLIS ANCIEN.

—◦◦◦—

TROISIÈME MÉMOIRE

SUR LES DIFFORMITÉS DU SYSTÈME OSSEUX.

SÉRIE DE MÉMOIRES

SUR LES DIFFORMITÉS DU SYSTÈME OSSEUX,

Par le Docteur Jules Guérin.

PREMIER MÉMOIRE. — MÉMOIRE SUR L'EXTENSION SIGMOÏDE ET LA FLEXION DANS LE TRAITEMENT DES DÉVIATIONS LATÉRALES DE L'ÉPINE ; lu à l'Académie royale de Médecine, le 15 novembre 1835 ; in-8° ; avec planches. — Prix. . . . . 2 fr.

DEUXIÈME MÉMOIRE. — MÉMOIRE SUR LES MOYENS DE DISTINGUER LES DÉVIATIONS SIMULÉES DE LA COLONNE VERTÉBRALE DES DÉVIATIONS PATHOLOGIQUES ; présenté à l'Académie royale de Médecine, le 2 juin 1836 ; précédé de trois Rapports faits à l'Académie sur ce mémoire ; in-8°, avec planches. — Prix. . . . . 3 fr.

TROISIÈME MÉMOIRE. — MÉMOIRE SUR UNE NOUVELLE MÉTHODE DE TRAITEMENT DU TORTICOLIS ANCIEN ; présenté à l'Académie royale des Sciences, le 3 avril 1838 ; in-8°. — Prix. . . . . . . 2 fr.

QUATRIÈME MÉMOIRE. — MÉMOIRE SUR L'ÉTIOLOGIE GÉNÉRALE DES PIEDS-BOTS CONGÉNITAUX ; lu à l'Académie royale de Médecine, le 1er décembre 1838 ; in-8°. — Prix. . . . . 2 fr.

CINQUIÈME MÉMOIRE. — MÉMOIRE SUR LES VARIÉTÉS ANATOMIQUES DU PIED-BOT CONGÉNITAL DANS LEURS RAPPORTS AVEC LA RÉTRACTION MUSCULAIRE CONVULSIVE ; présenté à l'Académie royale des Sciences, le 18 mars 1839 ; in-8°. — Prix. . . . . . . 2 fr.

SIXIÈME MÉMOIRE. — MÉMOIRE SUR LES CARACTÈRES GÉNÉRAUX DU RACHITISME ; lu à l'Académie royale des Sciences, le 17 juillet 1837 ; in-8°, avec planches. — Prix. . . . . 2 fr.

VUES GÉNÉRALES SUR L'ÉTUDE SCIENTIFIQUE ET PRATIQUE DES DIFFORMITÉS DU SYSTÈME OSSEUX, exposées à l'ouverture des conférences cliniques sur les difformités, à l'hôpital des Enfans de Paris ; suivies du RÉSUMÉ GÉNÉRAL DE LA PREMIÈRE SÉRIE DES CONFÉRENCES CLINIQUES. — Prix. . . . . 2 fr.

Au bureau de la GAZETTE MÉDICALE, rue Racine, n° 14.

MÉMOIRE

SUR UNE

NOUVELLE MÉTHODE DE TRAITEMENT

DU

TORTICOLIS ANCIEN;

PRÉSENTÉ

A L'ACADÉMIE ROYALE DES SCIENCES, LE 2 AVRIL 1838,

PAR

LE DOCTEUR JULES GUÉRIN,

Directeur de l'Institut Orthopédique de la Muette.

DEUXIÈME ÉDITION.

PARIS.

AU BUREAU DE LA GAZETTE MÉDICALE,

RUE RACINE, N° 14, PRÈS DE L'ODÉON.

1840.

IMPRIMERIE DE FÉLIX MALTESTE ET Cie,
RUE DES DEUX-PORTES-SAINT-SAUVEUR, N° 18.

AVANT-PROPOS.

Le mémoire que je publie aujourd'hui séparément a été inséré dans la Gazette Médicale des 7 et 28 avril 1838. Cette première publication a soulevé la critique et l'opposition que soulèvent toutes les choses qui s'annoncent comme nouvelles. On a combattu plusieurs de mes propositions, et on a recherché avec soin tout ce qui avait pu être tenté antérieurement dans la même direction, soit en France, soit à l'étranger. Cette opposition, qui n'a pas toujours été inspirée par le seul intérêt de la science et de la vérité, a eu néanmoins quelques bons résultats. Elle m'a conduit à préciser d'une manière nette et positive ce que je regarde comme véritablement nouveau dans mes recherches ; et elle m'a fait apporter quelques restrictions à mes opinions primitives, par suite de la remise en lumière de quelques essais qui avaient passé jusqu'alors inaperçus.

La méthode de traitement du torticolis ancien que j'ai décrite dans ce mémoire repose sur les deux faits suivans d'anatomie pathologique, que je crois nouveaux :

1° Dans le torticolis ancien, presque toujours la rétraction et l'arrêt de développement musculaire sont exclusivement bornés à un seul des deux chefs du sterno-cleïdo-mastoïdien et le plus souvent au chef sternal, que je considère anatomiquement et physiologiquement comme un muscle distinct du cleïdo-mastoïdien ;

2° Il y a dans cette difformité, indépendamment de l'inclinaison de la tête, du côté du muscle rétracté, une inclinaison en sens inverse de la colonne cervicale sur la région dorsale, qui persiste invariablement après la section du muscle.

Ces deux faits m'ont conduit d'une part à une simplification du traitement chirurgical, à la section séparée du chef musculaire rétracté au moyen d'une simple ponction à la peau ; de l'autre, à l'invention d'une machine propre à compléter, par un traitement consécutif, le redressement de la tête et à faire disparaître l'inclinaison cervico-dorsale.

Beaucoup d'objections et de critiques ont été adressées à ces deux propositions, les unes tendant à les combattre, les autres tendant à revendiquer au profit de mes devanciers ou de quelques chirurgiens étrangers, tout ou partie de mes remarques et de mes moyens mécaniques et chirurgicaux. On trouvera à la fin de ce mémoire, sous forme de notes et éclaircissemens, les différentes pièces de la polémique que j'ai eu à soutenir ; je ne les reproduirai pas ici ; je me contenterai d'indiquer les points sur lesquels elle a roulé, et les résultats qu'elle a produits, du moins dans mon opinion.

On m'a objecté que le fait de la circonscription de la rétraction musculaire à l'un des deux chefs du muscle sterno-cleïdo-mastoïdien avait été remarqué avant moi, et que d'ailleurs il n'était pas rigoureusement exact. J'ai répondu et démontré, je crois, quant au premier point, que personne avant moi n'avait insisté sur la circonscription de la rétraction musculaire bornée à l'un ou l'autre des deux muscles, et surtout n'avait donné les caractères et les raisons anatomiques et physiologiques de cette circonscription. Quant au second point, c'est-à-dire à l'exactitude de cette observation, je l'ai établie par toutes sortes de preuves, et j'ai fait connaître les causes qui avaient pu en imposer aux observateurs peu exacts et superficiels.

On a nié l'existence du fait tout anatomique de l'inclinaison de la colonne cervicale du côté opposé à l'inclinaison de la tête sur le cou ; j'ai soutenu mon observation, j'en ai appelé aux faits, et l'on n'a pas insisté.

On a prétendu que des chirurgiens étrangers avaient tenté avant moi la section sous-cutanée du muscle sterno-mastoïdien ; j'ai répondu d'abord que jusqu'ici aucun de ces essais n'avait été publié ni connu en France, à tel point que plusieurs cas de torticolis, opérés récemment dans les hôpitaux de Paris, l'avaient été par l'ancienne méthode ; j'ai retrouvé et signalé le premier l'unique tentative faite par Dupuytren dans cette direction, et j'ai rapporté moi-même les cas où d'autres tentatives analogues avaient été exécutées à l'étranger ; j'ai montré d'ailleurs les notables différences qui existent entre ces essais peu régularisés encore, et la méthode que je crois avoir définitivement constituée.

On a prétendu que les machines nouvelles que j'ai proposées avaient été plus ou moins explicitement indiquées avant moi : j'ai montré qu'il n'en était rien.

Enfin on a déclaré que ma méthode de traitement, surtout en ce qui concerne la section sous-cutanée d'un ou des deux muscles mastoïdiens, ne serait jamais qu'une méthode exceptionnelle ; j'ai répondu qu'elle constituait une méthode générale absolue ; j'ai indiqué les motifs de cette manière de voir et j'ai promis de l'établir par l'expérience. C'est à l'avenir de sanctionner cette conclusion de mes aperçus scientifiques et aussi des premiers faits que j'ai eus à ma disposition. Sans vouloir anticiper sur les résultats d'une expérience que j'ai déjà portée bien au-delà de ce que j'en ai dit dans ce mémoire, je crois pouvoir affirmer qu'aucun cas de torticolis ancien n'échappera à la méthode de la section sous-cutanée des muscles rétractés, et que l'ancienne méthode devra être à jamais proscrite comme arriérée, incomplète et dangereuse.

Nota. — En publiant la seconde édition de ce Mémoire, je n'y ai voulu introduire aucun changement important. Je me propose de faire paraître sous peu un travail beaucoup plus étendu sur le même sujet, dans lequel mes observations nouvelles et les nouveaux résultats que j'ai obtenus seront exposés avec les preuves à l'appui.

MÉMOIRE

SUR UNE

NOUVELLE MÉTHODE DE TRAITEMENT

DU

TORTICOLIS ANCIEN.

J'ai décrit, dans mon HISTOIRE DES DIFFORMITÉS DU SYSTÈME OS-SEUX, les différentes espèces d'inclinaison latérale de la tête, ainsi que les méthodes de traitement proposées jusqu'alors pour les combattre. Je ne répèterai rien ici des développemens dans lesquels je suis entré, dans la vue de présenter, avec quelque précision, l'histoire d'un ordre de difformités dont aucun auteur n'avait traité d'une manière détaillée. Je me propose uniquement aujourd'hui d'exposer une nouvelle méthode de traitement contre l'espèce d'inclinaison de la tête qui est produite et entretenue par un raccourcissement ou un défaut de développement du muscle sterno-mastoïdien, difformité à laquelle un grand nombre d'auteurs ont donné le nom de TORTICOLIS ANCIEN. Cette méthode com-prend à la fois un procédé opératoire nouveau et l'emploi d'appareils mécaniques nouveaux, et elle résulte de la combinaison successive de ces deux ordres moyens. Avant d'indiquer en quoi elle consiste, je vais exposer rapidement les idées qui m'y ont conduit, et qui lui ser-vent naturellement de base.

§ I. De la duplicité anatomique, physiologique et pathologique du sterno-cleïdo-mastoïdien.

En examinant attentivement le cou d'un jeune homme affecté d'un torticolis de naissance, je fus frappé de cette particularité, à savoir, qu'en faisant respirer fortement le sujet, on voyait manifestement la portion claviculaire du sterno-cleïdo-mastoïdien se contracter pour concourir au soulèvement en totalité du thorax, alors que la portion sternale restait complètement immobile. Cette observation bien établie fut un trait de lumière qui me conduisit immédiatement aux conséquences suivantes :

1° Le sterno-cleïdo-mastoïdien constitue deux muscles distincts, le sterno-mastoïdien et le cleïdo-mastoïdien.

2° Le sterno-mastoïdien et le cleïdo-mastoïdien ont des fonctions séparées ; le premier est surtout moteur de la tête, l'autre est un muscle essentiellement inspirateur.

3° Dans le torticolis attribué jusqu'ici au raccourcissement total du sterno-cleïdo-mastoïdien, la portion sternale du muscle peut être seule primitivement affectée.

4° Dans le traitement du torticolis ancien, dû au raccourcissement du sterno-mastoïdien, la section de la portion sternale peut suffire pour faire disparaître la cause essentielle de la difformité.

J'ai soumis ces quatre propositions à l'observation et à l'expérience directes. Voici comment je suis arrivé à la confirmation de chacune d'elles.

1° Le sterno-cleïdo-mastoïdien forme deux muscles distincts.

Albinus avait déjà émis l'opinion que le sterno-mastoïdien et le cleïdo-mastoïdien forment deux muscles séparés (1). Plus récemment Meckel a reproduit cette manière de voir (2). Ces auteurs se fondent, avec rai-

____

(1) Albinus, *Annotationes anatomicæ*, Leydi, 1768.
(2) Meckel, *Manuel d'Anatomie*, t. 2, p. 134.

son, sur ce que les deux chefs du muscle sont plus distincts l'un de l'autre dans toute leur étendue que ne le sont certains muscles dont on fait des organes séparés. A cette considération, on peut en ajouter de plus puissantes, tirées de ce qui s'observe chez les animaux. La plupart des mammifères présentent les portions sterno-mastoïdienne et cleïdo-mastoïdienne complètement séparées. Je me suis assuré directement que, chez le chien, le lièvre et le mouton, cette disposition est manifeste. Chez le chien les deux portions sont non seulement séparées dans toute leur étendue, mais leurs insertions supérieures ont lieu à une hauteur différente : la portion sternale s'attache dans l'étendue de cinq à six lignes à un rebord saillant, qui domine l'apophyse mastoïde, et la portion externe s'attache à quelques lignes plus bas par un faisceau distinct et n'a aucune connexion, dans toute son étendue, avec le chef interne ou antérieur. L'insertion inférieure de cette dernière portion chez les animaux sans clavicule, comme chez les solipèdes et les ruminans, vient se perdre dans la portion claviculaire du trapèze et du deltoïde. Chez ceux, au contraire, qui ont une clavicule parfaite, le cleïdo-mastoïdien se rend exactement à cet os, et il ne s'unit jamais, comme dans l'homme, au sterno-mastoïdien. En un mot, la portion sternale, ou le sterno-mastoïdien, a une existence constante et spéciale chez tous les mammifères, et la portion claviculaire, ou le cleïdo-mastoïdien n'existe pas toujours : et, quand elle existe, elle est constamment séparée de la précédente, et souvent confondue avec d'autres muscles chez les animaux sans clavicules. Ajoutons que, chez l'homme, les deux portions peuvent non seulement être isolées jusqu'à leurs insertions supérieures, et sont même, dans un certain nombre de cas, tout-à-fait séparées, ainsi que l'avaient remarqué plusieurs anatomistes; mais la direction de leurs fibres est fort différente; elles se croisent un peu après leur origine, de manière que le sterno-mastoïdien recouvre et coupe dans son trajet le cleïdo-mastoïdien.

2⁰ LE STERNO-MASTOÏDIEN ET LE CLEÏDO-MASTOÏDIEN ONT DES FONCTIONS DISTINCTES.

Comme je l'ai dit plus haut, il suffit d'examiner ce qui se passe pendant les fortes inspirations chez les sujets atteints de torticolis ancien par raccourcissement du sterno-mastoïdien (chef sternal). On voit manifestement le cleïdo-mastoïdien se gonfler, se raccourcir, à mesure que la poitrine s'élève, tandis que le sterno-mastoïdien reste immobile. On rend cette opposition plus manifeste encore en comprimant l'abdomen de manière à empêcher le refoulement du diaphragme. Chez les sujets atteints de déviations latérales de l'épine, considérables, j'ai montré que la respiration s'exécute principalement par une ascension du thorax en totalité : je me suis assuré que le cleïdo-mastoïdien concourt puissamment à cette ascension, tandis que le sterno-mastoïdien reste inactif ou n'y contribue que d'une manière peu sensible. La même remarque peut être répétée chez les sujets sans difformité, surtout lorsqu'on a soin d'atténuer l'action du diaphragme par la compression de l'abdomen. Je le répète, ce résultat est visible à l'œil et sensible au toucher : le muscle se gonfle et se raccourcit. L'action inspiratrice du cleïdo-mastoïdien séparément du sterno-mastoïdien, et à un degré beaucoup plus prononcé que ce dernier, est donc un fait directement établi par l'observation et l'expérimentation sur l'homme. Il l'est encore par la physiologie comparée et par l'appréciation dynamique de la direction des deux muscles.

Chez la plupart des quadrupèdes dont la région cervicale rencontre le reste de la colonne angulairement, et qui sont dépourvus de clavicules, le cleïdo-mastoïdien devient un auxiliaire du trapèze et du deltoïde, et ne concourt à la respiration qu'indirectement et par une action commune à ces deux muscles : aussi, chez ces animaux, l'élévation du thorax en totalité, ou son transport en avant n'a pas lieu; le rapprochement des membres antérieurs et leur fixité au sol s'y opposent complètement. Cependant le sterno-mastoïdien existe très développé et avec ses insertions accoutumées. Au contraire, chez les mammifères qui ont une clavicule, comme les écureils, non seulement le cleïdo-mastoïdien existe avec son attache claviculaire : mais, dans l'action de grimper, si familière à ces animaux, ou lorsqu'ils reposent sur le derrière, ce muscle agit comme chez l'homme, verticalement, et tend à soulever le thorax pendant la respiration. La direction du sterno-mastoïdien ne lui permet que difficilement, aussi bien chez l'homme que chez les animaux, de concourir à ce résultat. Chez l'homme, sa direction est oblique d'avant en arrière et de dedans en dehors : son action inspiratrice est peu efficace; chez les animaux, la région cervicale forme un angle à sommet antérieur avec la région dorsale : la direction du sterno-mastoïdien, presque perpendiculaire à l'axe longitudinal du thorax, est encore plus défavorable.

Ce fait de la diversité d'action des deux muscles, dont l'un est essentiellement inspirateur, et l'autre plus moteur de la tête que respirateur, ne ressort pas moins manifeste lorsque l'on retourne au sterno-mastoïdien l'observation comparative précédemment appliquée au cleïdo-mastoïdien, c'est-à-dire lorsque l'on cherche dans le cleïdo-mastoïdien les caractères d'une action analogue à celle du sterno-mastoïdien pendant la contraction de ce dernier. Si l'on examine et touche, en effet, le cleïdo-m. toïdien, pendant l'inclinaison latérale et la rotation de la tête produite par le sterno-mastoïdien correspondant, on n'aperçoit et ne sent qu'une très faible contraction. Cette contraction est, au contraire, très apparente dans le sterno-mastoïdien, qui se gonfle, se durcit et se soulève à mesure que par son concours on incline la tête en tournant la face en haut du côté opposé. On remarquera, d'ailleurs, que les insertions du sterno-mastoïdien sont merveilleusement placées pour produire des mouvemens faciles et étendus de la tête, tandis que le cleïdo-mastoïdien, favorablement disposé pour concourir au soulèvement du thorax, en tirant sur la clavicule, comme sur une anse, devrait faire des efforts de contraction considérables pour incliner directement la tête sur le col. Or, lorsque l'on produit ce dernier mouvement séparément des inspirations fortes, on n'aperçoit que des contractions à peine sensibles dans le cleïdo-mastoïdien.

On remarquera que cette distinction dans la fonctionnalité, des deux muscles, établie d'après la généralité des faits, n'est point absolue ni exclusive; dans certaines conditions, la propriété respiratoire du sterno-mastoïdien, ordinairement nulle ou peu prononcée, peut se manifester à un certain degré ; dans le rire, par exemple, dans les sanglots, dans la respiration convulsive et spasmodique des malades atteints de dypsnée, le sterno-mastoïdien concourt aux efforts respiratoires, parce que dans ces cas exceptionnels la nature emploie et exagère ses moindres ressources. Toutefois, il ne faudrait pas s'en laisser imposer par les apparences. Lorsque l'on fait faire une forte inspiration aux sujets atteints de rétraction du sterno-mastoïdien, on voit, au moment de l'ascension du thorax, le tendon du muscle rétracté s'agiter sous la peau, comme si le muscle se contractait ; mais ce n'est que l'effet du relâchement du muscle : on peut s'assurer de ce fait en appliquant le doigt sur le trajet du sterno-mastoïdien pendant l'inspiration.

Ces idées devaient naturellement me conduire à rechercher quels sont les nerfs qui se distribuent aux deux muscles, et s'ils reçoivent des rameaux distincts provenant de nerfs différens. Je n'ai rien trouvé dans ces recherches qui fût contraire ou favorable aux idées que l'on professe aujourd'hui sur les propriétés spéciales des nerfs moteurs et respirateurs.

Le cleïdo-mastoïdien reçoit tout à la fois des filets provenant du nerf spinal et des filets des nerfs cervicaux. Il en est de même du sterno-mastoïdien. On remarquera cependant que le tronc principal du nerf spinal, après avoir donné quelques filets aux deux muscles vers leur tiers supérieur, quitte l'intervalle qui les sépare, s'engage entre les deux couches de fibres musculaires formées par le cleïdo-mastoïdien, et continue son trajet entre ces deux couches jusqu'à la partie moyenne du muscle, qu'il quitte pour se diriger vers le bord supérieur de l'omoplate, où il s'engage sous le trapèze. Les filets nerveux qu'il cède lors de son passage à travers les deux muscles se joignent à des filets provenant des nerfs cervicaux et composent un plexus assez considérable qui occupe l'espace compris entre le tiers supérieur et la partie moyenne des deux muscles. Cette disposition qui n'offre rien de remarquable, quant à l'action physiologique, mérite d'être prise en considération par rapport à l'opération dont les muscles sterno et cleïdo-mastoïdiens ont été jusqu'ici le siége.

3° DANS LE TORTICOLIS ANCIEN ATTRIBUÉ AU RACCOURCISSEMENT TOTAL DU STERNO ET DU CLEÏDO-MASTOÏDIENS, LE STERNO-MASTOÏDIEN PEUT ÊTRE SEUL PRIMITIVEMENT AFFECTÉ.

Cette troisième proposition découle naturellement des deux premières, et l'observation directe l'établit plus légitimement encore.

On comprend en effet que si le sterno et le cleïdo-mastoïdiens sont positivement distincts et animés de propriétés différentes, il est très naturel d'admettre que l'un puisse être affecté sans l'autre, et que le contraire soit le fait exceptionnel; car il n'y aurait pas plus de raison pour que le cleïdo-mastoïdien fût toujours malade en même temps que le sterno-mastoïdien, qu'il n'y en aurait pour que le splénius, le complexus, le trapèze ou l'un des scalènes partageassent l'état pathologique du sterno-mastoïdien. Or, cela n'a pas lieu, du moins le plus généralement, ainsi que je le montrerai plus bas, et la coïncidence des deux rétractions simultanées est évidemment l'exception, et la circonscription de l'affection à l'un des deux muscles mastoïdiens au muscle sternal de préférence paraît être la règle : c'est du moins ce qui résulte de l'observation d'un assez grand nombre de cas de torticolis ancien. Voici ce qui se passe ordinairement, et voici le moyen d'apprécier l'affection isolée du sterno-mastoïdien.

J'ai établi, dans mon histoire des difformités, qu'un grand nombre de difformités articulaires congénitales, comme la plupart des pieds-bots, des mains-bots, certaines luxations et subluxations, etc., sont le résultat de deux causes combinées; premièrement, d'une rétraction musculaire convulsive des premiers temps de la vie intra-utérine; secondement, d'un arrêt de développement des muscles atteints de cette rétraction et consécutif à cette rétraction, arrêt de développement qui les empêche de suivre l'accroissement normal du squelette, et les dépouille en partie de leur activité fonctionnelle. Cette doctrine est le résultat de faits observés dans toutes sortes de conditions, depuis certaines anencéphalies présentant toutes les articulations convulsées, retournées, avec tous les muscles correspondans rétractés, jusqu'au simple pied-bot accompagné des traces d'une ancienne affection cérébrale convulsive. Qu'arrive-t-il dans cette catégorie de difformités? C'est que le muscle ou les muscles primitivement rétractés et secondairement arrêtés dans leur développement sont considérablement raccourcis et réduits de volume ; ils s'offrent sous l'aspect et avec la consistance de cordes ou de membranes fibreuses peu ou point contractiles : dégénérescence produite, comme je l'ai démontré, par l'état de tension continue où sont placées les fibres musculaires dans certaines difformités. Or, que voit-on le plus souvent dans la difformité du cou qui nous occupe? La portion sternale du sterno-cleïdo-mastoïdien, c'est-à-dire le sterno-mastoïdien, puisque c'est pour nous un muscle distinct, seul atteint d'un raccourcissement considérable, seul contracturé, seul très tendu, seul réduit à l'apparence et à la consistance d'une corde fibreuse, seul dépouillé d'une partie de sa contractilité, seul enfin avec les véritables caractères de la cause efficiente de la difformité. Et qu'observe-t-on au contraire dans le cleïdo-mastoïdien? uniquement ce qu'on observe dans le splenius, le complexus, le trapèze, l'angulaire, le cervical descendant du côté correspondant, c'est-à-dire un retrait passif des fibres musculaires sans apparence de contracture, retrait qui, suivant une autre loi propre au système musculaire, tend à proportionner la longueur des muscles à l'étendue de l'espace compris entre leurs points d'insertion rapprochés par une difformité. Je le répète, ce retrait est tout passif : il ne conduit pas à la transformation fibreuse ; mais plutôt à la transformation graisseuse : or, c'est ce qui arrive au cleïdo-mastoïdien dans les torticolis produits par la rétraction du sterno-mastoïdien seul. Au lieu d'être distendu, fibreux, comme ce dernier, il est simplement raccourci passivement, adapté et proportionné au trajet mesuré par la distance entre ses deux points d'insertion. De plus, il jouit de la plénitude de ses fonctions ; pendant les fortes inspirations, il se contracte d'une manière complète et manifeste ; et enfin lorsqu'on a vaincu la résistance au redressement de la tête, par la section de son congénère le sterno-mastoïdien, il n'oppose plus à ce redressement qu'une résistance passive, partagée par les autres muscles latéraux correspondans du cou et assez facile à vaincre. C'est là un fait établi par l'expérience, et que nous aurons occasion de développer plus bas.

Voilà l'observation de ce qui arrive dans la généralité des cas, à savoir que le sterno-mastoïdien peut être seul atteint et seul activemen rétracté dans l'espèce d'inclinaison de la tête dont il s'agit; c'est du moins ce que j'ai vu le plus souvent dans une vingtaine de cas soumis à mon observation. J'ai fait constater la même particularité par plusieurs médecins, notamment à Bicêtre par M. Leuret et plusieurs internes de cet hospice; à la Pitié par MM. Lisfranc, Pinel-Grandchamp, Sédillot et un grand nombre d'autres personnes présentes à l'expérience; enfin dans mon établissement et chez d'autres malades de la ville, par MM. Macgloughlin, Pointe, etc. Je n'exclus pas, il faut bien le comprendre, l'existence d'une réaction primitive simultanée des deux muscles sterno et cleïdo-mastoïdiens, pas plus que, parce qu'il y a un grand nombre de pieds-bots équins avec rétraction seule des jumeaux, je n'exclus l'existence d'autres rétractions musculaires simultanées, mais plus rares, des autres muscles de la jambe et du pied. Je dis et me borne à dire que les deux muscles mastoïdiens peuvent être isolément affectés, et que dans la majorité des cas la rétraction du sterno-mastoïdien existe seule, à l'exclusion du cleïdo-mastoïdien, aussi bien que des autres muscles latéraux du cou. L'expérience ne m'a montré jusqu'ici qu'un petit nombre d'exemples de rétraction primitive des deux muscles, et alors ils offraient tous les deux à un égal degré ou à des degrés différens les caractères de la rétraction et de l'arrêt de développemens primitifs : raccourcissement, saillie, tension sous la peau en forme de Λ renversé, réduction de volume, et apparence d'état fibreux.

4° LA SECTION DU STERNO-MASTOÏDIEN SEUL PEUT SUFFIRE POUR FAIRE DISPARAITRE LA CAUSE ESSENTIELLE DE LA DIFFORMITÉ.

Cette proposition est à la fois la confirmation des précédentes, et elle est confirmée par elle. S'il est vrai, en effet, que la section du sterno-mastoïdien seul suffise à faire disparaître, dans le plus grand nombre des

cas, la cause primitive et principale de la difformité, réciproquement il est présumable que cette portion du muscle est seule primitivément affectée, qu'elle a une existence et des fonctions spéciales, et n'a que des rapports de contiguité avec le cleïdo-mastoïdien : or il est très réel que la section seule de la portion sternale du sterno-cleïdo-mastoïdien ou du sterno-mastoïdien proprement dit suffit souvent pour détruire la cause efficiente de la difformité et conduit au redressement complet de la tête. L'expérience a été faite deux fois en présence de médecins français et étrangers, parmi lesquels je citerai MM. Lisfranc, Sédillot, Pinel-Granchamp, Kuhn, Simon, Macgloughlin, Thompson d'Edimbourg, Bruni de Florence, etc., et notamment une fois à l'hôpital de la Pitié, en présence de nombreux élèves qu'attire chaque jour la clinique du chirurgien en chef de cet hôpital. L'expérience a prouvé qu'immédiatement après la section du sterno-mastoïdien proprement dit, le malade sent sa tête se redresser spontanément, et recouvre en grande partie la faculté de la tourner en tous sens, sans autre difficulté que celle résultant du retrait passif des autres muscles cervicaux. Cette difficulté, qui met momentanément des bornes au redressement complet, ne peut être invoquée contre mon opinion sur la délimitation de l'affection principale et primitive à un seul des deux muscles mastoïdiens ; j'opposerais immédiatement ce qui se passe dans le traitement du pied-bot équin par la section du tendon d'Achille. Cette difformité est bien primitivement due à la rétraction ou à la brièveté de ce tendon, ou du muscle qui l'engendre ; et cependant la section du tendon seul ne suffit pas toujours au redressement immédiat du pied, parce que, en effet, les autres muscles, par suite de leur retrait passif, opposent une plus ou moins grande résistance à ce redressement ; mais il suffit d'employer pendant quelque temps des moyens mécaniques appropriés pour obtenir un résultat complet. Voilà ce qui se passe aussi dans le traitement du torticolis par raccourcissement du sterno-mastoïdien : la section du muscle enlève immédiatement la cause primitive de l'inclinaison et de la rotation de la tête ; mais il est indispensable d'opposer aux résistances secondaires résultant du retrait passif des muscles, des moyens capables de faire disparaître ces résistances ; quelques moyens mécaniques fort simples, que je décrirai plus bas , remplissent cette seconde indication.

Les conclusions qu'on peut tirer de ce qui précède sont donc les quatre propositions énoncées au commencement de ce mémoire , propositions qui établissent la duplicité anatomique , physiologique et pathologique du sterno-cleïdo-mastoïdien , la rétraction primitive le plus généralement bornée au faisceau sternal de ce muscle dans le torticolis ancien, et conduisent à une nouvelle méthode de traitement de cette difformité , à savoir : la section du sterno-mastoïdien seul , et l'emploi de moyens mécaniques consécutifs pour combattre les effets secondaires de la difformité.

§ II. Description de la méthode.

La méthode dont il s'agit comprend des procédés chirurgicaux et des procédés mécaniques distribués en deux temps pour répondre aux deux indications principales du traitement.

1° procédés chirurgicaux.

Je fais la section du sterno-mastoïdien à six ou huit lignes au-dessus de son insertion sternale : je fais cette section sous la peau au moyen d'une seule ponction et suivant deux procédés différens.

Premier procédé. Le malade étant couché sur un lit dont le tiers supérieur se relève en pente, un aide lui tient la tête et tend à l'incliner en sens inverse de l'inclinaison pathologique, et à exagérer la rotation existante. Ces deux mouvemens sont indispensables : le premier a pour objet de tendre le muscle à diviser, et de favoriser ainsi l'action de l'instrument tranchant. L'exagération de la rotation pathologique est plus importante encore ; elle a pour effet de faire saillir en avant le muscle sterno-mastoïdien, de le détacher des parties sous-jacentes, en transportant son insertion mastoïdienne dans un plan plus antérieur. Le soulèvement du muscle est quelquefois tel dans cette condition qu'il est complètement séparé de plusieurs lignes des parties profondes , et qu'on peut l'embrasser en totalité entre le pouce et l'index, de manière à ce que la peau seule soit interposée entre les deux doigts qui la pressent.

Une fois le muscle soulevé et tendu, je fais à la peau, six à huit lignes au-dessus de l'insertion sternale du muscle, un pli parallèle à la direction de ce dernier, pli dont la base répond au point de la peau qui, dans le relâchement, longe le bord externe du muscle. Je plonge à la base de ce pli un bistouri mince, large de deux lignes et légèrement concave sur le tranchant. Dans le premier temps de l'opération, la lame de l'instrument est introduite à plat, le tranchant tourné du côté de la tête ; lorsqu'elle a été enfoncée de six à huit lignes, c'est-à-dire de manière à dépasser le bord interne du muscle, sans traverser la peau du côté opposé, je relève, dans un second temps, la lame du bistouri, et j'applique son tranchant sur le muscle. Dans un troisième temps, j'abandonne le pli de la peau et coupe le tendon. La peau relâchée et revenue sur elle-même s'applique contre l'instrument, le presse et le suit pour reprendre ses premiers rapports ; elle l'empêche ainsi de faire une ouverture plus grande que celle qui a servi à son introduction. Le faisceau musculaire est presque spontanément divisé. Il ne faut pas craindre d'appuyer avec quelque force, afin d'éviter une division incomplète de ses fibres. La section complète du muscle s'annonce d'ailleurs par un bruit semblable à celui qu'on entend dans la section du tendon d'Achille et par le redressement de la tête.

Deuxième procédé. L'application de mon second procédé exige une modification dans la forme de l'instrument, qui, au lieu d'être concave sur le tranchant, doit être légèrement convexe. J'introduis le bistouri sous le tendon du muscle, toujours au moyen d'une simple ponction, et après avoir fait préalablement un pli à la peau, je coupe le muscle d'arrière en avant jusqu'à ce que je n'éprouve plus de résistance, ayant soin, comme dans le cas précédent, de ne pas percer la peau du côté opposé à la piqûre d'introduction.

J'ai eu recours à ces deux procédés ; mais je donne la préférence au premier, parce que, avec le second, on n'est pas sûr d'embrasser tout e muscle, et qu'une sonde cannelée qu'on emploierait pour parer à cet inconvénient se fraicrait difficilement passage à travers le tissu cellulaire sous-jacent.

Je ferai remarquer qu'en ayant soin de soulever le muscle par le transport de son insertion mastoïdienne dans un plan plus antérieur, et en
prenant la précaution de diriger la pointe de l'instrument vers la ligne
médiane du cou, on ne court aucun risque de blesser les vaisseaux. La
veine jugulaire externe est à près de trois pouces en dehors du siège de
l'opération ; l'artère carotide primitive et la veine jugulaire interne
correspondent à la base de la lame de l'instrument, et sont protégées
d'ailleurs par les muscles sterno-hyoïdien et sterno-thyroïdien qui les
recouvrent en ce point, et empêchent, d'ailleurs, la pointe de l'instrument, en cas de mouvement brusque de la part du malade ou de l'opérateur, de piquer la trachée-artère. Les seuls vaisseaux qui pourraient
être rencontrés, si on opérait sans précaution, sont la veine jugulaire
antérieure et la veine thyroïdienne inférieure. La première n'existe
qu'accidentellement, et il est toujours aisé de l'éviter, puisqu'elle est
sous-cutanée ; la seconde, protégée par la couche des muscles sous-
jacens, est aussi à peu près hors de l'atteinte de l'instrument : la lésion
de cette veine serait d'ailleurs sans importance.

Quoique je n'aie pas opéré jusqu'ici de rétraction simultanée des deux
muscles sterno et cleïdo-mastoïdiens, j'ai dû prévoir le cas où cette double rétraction aurait lieu, puisque j'en ai rencontré des exemples, et faire
choix d'un procédé propre à diviser le cleïdo-mastoïdien sous la peau,
comme je le fais pour le sterno-mastoïdien : voici, le cas échéant, comment il me paraîtrait convenable de se conduire (1).

On ferait d'abord la section du sterno-mastoïdien, afin d'obtenir une
certaine quantité de redressement de la tête ; et de produire, par suite,

---

(1) Depuis que mon mémoire a paru dans la GAZETTE MÉDICALE, j'ai eu
occasion d'opérer plusieurs cas nouveaux présentant la réunion de la rétraction simultanée des deux muscles. J'ai employé pour la section du cleïdo-
mastoïdien très rigoureusement le procédé spécial que j'avais décrit. MM. Devergie, Barthélemy, Mérat et Warren de Boston et autres médecins étaient
présens aux opérations. Je me propose d'en faire connaître les résultats avec
quelques observations nouvelles sur le même sujet dans un prochain mémoire.

une tension plus grande du cleïdo-mastoïdien rétracté ; on inclinerait et l'on ferait tourner la tête du malade du côté opposé au côté 'rétracté. Le cleïdo-mastodien étant soulevé et mis en saillie, comme pour la section du sterno-mastoïdien, on ferait un pli à la peau parallèle à la direction du muscle ; on introduirait à la base de ce pli, entre la peau et le muscle, à huit lignes au-dessus de son insertion claviculaire, et perpendiculairement à la direction de ses fibres, un bistouri concave sur le tranchant ; et on inciserait comme je le fais pour le sterno-mastoïdien. Contrairement à ce que je prescris dans ce dernier cas, il faudrait diriger la pointe de l'instrument de dedans en dehors et d'avant en arrière, l'opérateur étant placé du côté sain du sujet. Avec cette précaution, on ne courrait aucun risque de blesser les gros vaisseaux : le trajet de la carotide primitive et de la jugulaire interne répondrait en effet à la base de la lame de l'instrument, et l'artère carotide primitive, protégée par la veine jugulaire interne placée au-devant d'elle, serait complètement à l'abri. La veine jugulaire externe et la portion horizontale de la jugulaire antérieure, dans son trajet pour se rendre à la veine sous-clavière, pourraient être seules atteintes par la pointe de l'instrument : mais avec la précaution de ne faire la section que huit lignes au-dessus de la clavicule, on éviterait la jugulaire antérieure, et en introduisant, comme je l'ai dit, le tranchant du bistouri perpendiculairement à la direction des fibres musculaires, et non à plat, comme dans le premier cas, il serait facile de laisser la jugulaire entre le dos de l'instrument qui est légèrement recourbé et la peau, et par conséquent d'éviter toute effusion considérable de sang. On pourrait encore faire la section du cleïdo-mastoïdien d'arrière en avant, sur une sonde cannelée qu'on aurait glissée sous le muscle ; mais, outre que l'introduction de la sonde ne se fait pas sans obstacle, on n'est jamais sûr d'embrasser la totalité du muscle, et, par conséquent, d'opérer sa section entière. Je préfère donc le premier procédé. S'il arrivait que le cleïdo-mastoïdien fût plus rétracté que le sterno-mastoïdien, on commencerait la section par le premier de ces deux muscles.

Les soins à donner au malade après l'opération sont des plus simples :

un morceau de diachylon gommé de la grandeur d'une pièce de vingt
sous est appliqué sur l'ouverture de la peau : une compresse légère et
deux ou trois tours de bande complètent le pansement. Le malade n'a
ordinairement aucun accident inflammatoire ni symptômes fébriles; cependant, le jour de l'opération, je ne lui accorde que peu d'alimens. Le
troisième jour, la plaie extérieure est ordinairement cicatrisée ; je commence alors la seconde partie du traitement.

2° PROCÉDÉS MÉCANIQUES.

Une fois l'obstacle primitif détruit, le muscle ou les muscles divisés,
il faut vaincre la rétraction passive des autres muscles du même côté,
et de ceux du côté opposé qui maintiennent à un degré plus ou moins
prononcé *l'inclinaison de la tête sur la colonne, quelque reste de rotation* de cette dernière, *l'inclinaison de la région cervicale sur la
première vertèbre dorsale,* et, finalement, *le raccourcissement de tous
les muscles longitudinaux du cou* des deux côtés. N'ayant pas encore
publié les observations qui me sont propres sur l'histoire du torticolis
ancien, je suis obligé, pour l'intelligence de ce qui précède, d'entrer
dans quelques détails sur quelques particularités anatomiques, non indiquées, de cette difformité.

J'ai établi (1) qu'indépendamment des mouvemens de flexion de totalité qu'elle effectue au moyen des fibro-cartilages et de ses articulations
communes, la colonne vertébrale présente à la réunion de la dernière
lombaire avec le sacrum, à la réunion de la onzième dorsale avec la
douzième, et à la réunion de la septième cervicale avec la première dorsale, des dispositions articulaires spéciales en vertu desquelles elle exécute des mouvemens d'inclinaison latérale de *localité*; en sorte que le
rachis s'incline en totalité sur le sacrum, la région dorsale sur la région
lombaire, et la région cervicale sur la région dorsale, comme la tête

---

(1) Dans mon histoire inédite des difformités du système osseux. (Voir le
rapport de l'Académie des sciences du 21 août 1857.)

s'incline sur la région cervicale (1). Cette faculté qu'a la région cervicale de s'incliner en totalité sur la première vertèbre dorsale sert d'une
manière remarquable dans la formation du torticolis. Pour balancer le
déplacement considérable qui résulterait de l'inclinaison du même côté,
et de la tête, et de la région cervicale, la colonne cervicale s'incline en
sens inverse sur la première vertèbre dorsale, de manière à former en
ce point avec l'horizon un angle de retour très aigu du côté sain, et
très obtus du côté rétracté. Il en résulte que la tête, quoique inclinée sur
la région cervicale, est ramenée dans la verticale, afin de ne pas trou-
bler l'équilibre du tronc. Cette disposition est générale, on l'observe sur
tous les sujets atteints de torticolis ancien, et j'ai eu occasion de la faire
remarquer à plusieurs reprises avant et après l'opération de la section
du sterno-mastoïdien. Elle persiste donc, après cette opération, et devient la source d'une indication importante à remplir. Voilà pour l'inclinaison.

La *rotation* de la tête, et même l'*inclinaison de la tête sur la colonne*
n'ont pu disparaître en totalité par la section du sterno-mastoïdien, ou
des sterno et cleido-mastoïdiens réunis, bien qu'ils fussent les agens es-
sentiels et primitifs de ces dispositions. On remarquera, en effet, que
la tête et le cou ayant été maintenus pendant de longues années dans
une position anormale, tous les muscles du cou, aussi bien ceux du côté
sain que ceux du côté affecté, ont subi consécutivement des changemens
de rapports et de dimensions, ainsi que je l'ai établi ailleurs, relatifs au
rapprochement ou à l'écartement permanent de leurs points d'insertion.
Ces changemens expliquent la permanence d'un certain degré de rotation
et d'inclinaison de la tête après la section du muscle; ils expliquent encore un phénomène qu'on n'avait pas noté, savoir le raccourcissement
des muscles longitudinaux des deux côtés du cou, par suite duquel tous
les individus traités par les méthodes chirurgicales seulement conservent

---

(1) L'indication générale de ces faits a été donnée dans le rapport de l'Académie des sciences : ils seront publiés prochainement avec tous les détails
et tous es développemens qu'ils emportent.

une apparence de brièveté du cou résultant d'une légère flexion en avant et de l'inclinaison latérale de la colonne cervicale sur la région dorsale, flexion et inclinaison que le raccourcissement des muscles qui vont de la tête aux épaules, ou de la région cervicale aux épaules ou à la région dorsale, empêchent de faire disparaître.

Les développemens dans lesquels je viens d'entrer montrent donc évidemment qu'un traitement mécanique consécutif est aussi indispensable que le traitement chirurgical. Cependant aucun auteur ne s'en était occupé jusqu'ici d'une manière méthodique, par la raison que les indications à remplir n'étaient pas connues ou n'avaient été aperçues que dans leur généralité. Je dirai plus, c'est que la plupart des chirurgiens qui ont rapporté des observations de section du muscle sterno-cleïdo-mastoïdien se contentent d'affirmer qu'aussitôt après la section des muscles la tête s'est redressée, et ils se sont contentés de ce résultat. Une connaissance plus approfondie des caractères anatomiques de la difformité, et principalement la détermination du phénomène de l'inclinaison de la colonne cervicale sur la colonne dorsale qui est souvent restée droite dans le reste de son trajet, ont dû nous rendre plus difficile, et nous ont conduit à établir les élémens du traitement mécanique consécutif, en nombre et en importance proportionnés aux élémens restans de la difformité.

Le moyen principal que j'ai imaginé dans ce but est un lit orthopédique à extension parallèle dont j'ai rendu le casque mobile dans des plans différens, de manière à exécuter tour à tour ou simultanément l'extension parallèle ou oblique de la tête et de la région cervicale, l'inclinaison latérale de la tête à droite ou à gauche et sa rotation dans tous les sens. Une tige deux fois coudée à angles droits alternes unit le casque au plateau supérieur. La branche horizontale du premier coude, longue de trois pouces, s'articule en tête de compas avec la partie moyenne et extrême de la base du plateau supérieur et détermine les mouvemens d'inclinaison latérale du casque sur un axe vertical. A quatre pouces de hauteur, c'est-à-dire un peu plus que l'épaisseur du plateau supérieur, la branche verticale du premier coude se replie et forme le second coude à angle droit et se continue horizontalement de niveau avec la face supérieure du plateau jusqu'à la base du casque. Au milieu de son trajet, cette branche horizontale du second coude est interrompue par une noix qui permet au casque d'effectuer des mouvemens de rotation dans tous les sens : tels sont les élémens mécaniques fort simples du système d'inclinaison et de rotation du casque de mon appareil. Le système d'extension parallèle ou longitudinale est le même que dans les lits orthopédiques brisés que j'ai fait construire d'après les appareils de Shaw, à l'exception que le point d'intersection supérieur, au lieu de correspondre au niveau de la région dorsale moyenne, correspond à l'union de la région cervicale avec la région dorsale. Toutefois dans le cas où une déviation latérale de l'épine coïnciderait, comme cela arrive quelquefois, avec le torticolis, la ligne de séparation des plateaux pourrait être maintenue au niveau de la courbure principale et même on pourrait conserver les deux divisions que j'ai fait établir au lit de Shaw, modifié par M. Pravaz.

Le sujet étant couché sur ce lit, il y est maintenu fixé : 1° par une ceinture qui embrasse les hanches et se rend à l'extrémité du plateau inférieur; 2° par un corsage élastique qui enveloppe la moitié supérieure du thorax et les épaules, et adhère au plateau supérieur au moyen de courroies bouclées de chaque côté; 3° par un collier rembourré, bouclé au pourtour de la demi-circonférence du casque prenant appui sur les mâchoires inférieures et se fermant au niveau du menton. On peut encore ajouter deux épaulettes en cuir qui ont pour but d'empêcher un des côtés du tronc de monter ou de descendre sous l'influence des mouvemens d'inclinaison de la tête. Une fois le corps ainsi appliqué sur l'appareil, on fait incliner le casque du côté opposé à l'inclinaison pathologique; on le tourne en sens inverse de la rotation de la tête, et celle-ci, ne faisant qu'un avec le casque, est entraînée dans toutes les directions qu'on imprime à ce dernier.

Des vis de pression rendent l'inclinaison et la rotation produites, permanentes. S'il est besoin d'ajouter à ces efforts le secours de l'extension longitudinale ou parallèle, qui est oblique d'après l'inclinaison de la tête, on éloigne d'une certaine quantité le casque du plateau supérieur dans

le sens longitudinal, et par la combinaison de ces moyens, l'extension
se porte sur tous les muscles du cou, sur le sterno et le cleïdo-mastoïdiens rétractés, et enfin sur tous les muscles du cou des deux côtés, de
manière à ce que leur allongement permette à la colonne cervicale de se
redresser sur la colonne dorsale. C'est ainsi, comme on le voit, que tous
es élémens de la difformité consécutive sont tour à tour ou simultanément combattus. Le dernier à disparaître est ordinairement l'inclinaison
de la colonne cervicale sur la colonne dorsale ; dans ce cas, l'extension
parallèle simple appliquée directement sur la région cervicale finit par
déterminer un allongement suffisant de tous les muscles, et par suite la
disparition de l'angle d'inclinaison.

La durée de ce traiment mécanique est variable ; elle est subordon-
née à l'ancienneté et au degré de la difformité; quelques jours suffisent
pour rétablir la normalité en apparence ; mais plusieurs semaines et
même plusieurs mois sont souvent nécessaires pour obtenir un résultat
complet.

Dans les instans où l'opéré ne reste pas sur son appareil, on peut y
suppléer momentanément, mais d'une manière imparfaite, au moyen d'un
petit bandage en ruban de fil, analogue à celui déjà conseillé en pareil
cas par Winslow. Cet appareil consiste en bandes cousues qui entourent
le front, se croisent sur le sommet de la tête d'avant en arrière et d'une
oreille à l'autre, et donnent naissance au niveau de l'apophyse mastoïde
à un long chef libre destiné à parcourir le trajet du sterno-mastoïdien
sain et à exagérer son action. Ce chef dirigé au devant du sternum va se
fixer à un point résistant ou plus bas à une ceinture, en tirant fortement
la tête dans la direction même du sterno-mastoïdien du côté sain. Ce
bandage combat l'inclinaison et la rotation de la tête ; mais il n'exerce
aucune action sur l'inclinaison opposée de la colonne cervicale et tend
même à l'augmenter.

J'ai encore employé dans le même but et avec autant de succès une
cravate en carton ou en cuir bouilli, large du côté des muscles divisés,
et étroite du côté sain.

§ III. Comparaison de la méthode nouvelle avec les méthodes antérieures.

Est-il besoin d'entrer dans beaucoup de détails pour montrer les avantages de la méthode que j'ai adoptée sur les méthodes employées jusqu'à ce jour ? Ces avantages peuvent être examinés sous le rapport du traitement primitif et sous le rapport du traitement consécutif, c'est-à-dire sous le point de vue chirurgical et sous le point de vue mécanique.

Les procédés chirurgicaux employés jusqu'à ce jour pour la section des deux muscles réunis, considérés comme un seul muscle, peuvent être rapportés à deux principaux.

Dans le premier on fait une incision transversale à la peau, au niveau des insertions inférieures des deux muscles ou de leur partie moyenne, et dans une étendue un peu plus grande que celle de l'espace qu'ils occupent en largeur. On divise ensuite les fibres musculaires, couche par couche, dans la crainte de léser les vaisseaux et les autres parties sous-jacentes. Ce procédé est le plus généralement mis en usage. MM. Brodie, Waren, m'ont dit l'avoir employé : c'est celui auquel M. Amussat, et plus récemment MM. Roux et Magendie, ont eu recours.

Dans le second procédé, on fait une incision longitudinale à la peau, suivant la direction des deux muscles réunis et au niveau de leur partie moyenne. On les soulève à l'aide d'une sonde cannelée ; on les attire au-dehors à travers l'ouverture de la peau, et on les divise en travers sur la sonde. Ce procédé a été mis en usage par M. Roux, il y a un an environ, mais non sans offrir de grandes difficultés.

Ces deux procédés diffèrent considérablement, comme on le voit, dans leur principe et leur mode d'exécution, de ceux que j'ai adoptés ; ils diffèrent bien plus encore quant à la promptitude, à la facilité et à la sécurité de l'opération.

Dans le procédé par section transversale et successive de la peau et des muscles, l'opération est longue, fatigante, douloureuse, et ne permet pas de juger d'une manière certaine si la section des différentes cou-

ches de fibres musculaires est effectuée ou près de s'effectuer. Cela est
si vrai que dans la relation de son opération, M. Amussat dit explicitement qu'il n'a coupé que les trois quarts ou les cinq sixièmes des fibres
musculaires, et dans l'opération récemment pratiquée par M. Magendie,
la manœuvre a été très longue, et, malgré une large incision à la peau,
le tiers seulement du corps charnu des deux muscles paraît avoir été divisé. Ce n'est pas tout ; suivant ce procédé, on s'expose à rencontrer et
à couper des filets nerveux importans, même le tronc du nerf spinal, surtout si, comme l'a fait M. Magendie, on pratique la section vers la partie
moyenne des deux muscles. Cet inconvénient est assez grave pour être
pris en considération ; car il est arrivé à M. Bouvier de vouloir couper
toujours par le premier procédé, les deux muscles près de leurs insertions mastoïdiennes, chez une jeune fille de 20 ans ; le commencement
de l'opération a causé une douleur si vive, que la malade n'a pas consenti
à la laisser terminer, et s'est résignée à garder sa difformité, quoique
M. Roux eût été appelé pour compléter l'opération. On sait, en effet,
que vers le tiers supérieur des deux muscles se ramifient et se distribuent
un grand nombre de filets nerveux, provenant du spinal et des nerfs cervicaux, formant en ce point le plexus que nous avons indiqué. Les mêmes inconvéniens se retrouvent, ou à peu près, dans le second procédé,
celui de l'incision longitudinale de la peau et de la section transversale
du muscle soulevé sur la sonde cannelée : la lésion et la section des
mêmes nerfs se représentent ; de plus, les obstacles au soulèvement du
muscle par la sonde cannelée, et à sa sortie, par l'ouverture de la peau,
sont assez grands pour avoir exigé toute l'habileté et la dexté-
rité de M. Roux, dans le seul cas qu'il ait opéré jusqu'ici par ce procédé.

Les résultats immédiats de l'opération par les deux procédés dont il
vient d'être question sont relatifs à la durée et à la difficulté de la manœuvre, à la douleur qu'elle provoque et à l'étendue de la plaie qu'elle
nécessite. Une inflammation locale assez vive, qui se propage à la gorge
et aux autres parties environnantes, ainsi qu'on l'a vu dans un des cas
opérés par M. Roux, des menaces de phlegmon, de la fièvre pendant plu-

sieurs jours, sont le cortége habituel de ces opérations. Ajoutons qu'une cicatrice d'un aspect fâcheux, assez longue à obtenir, et s'opposant, par conséquent, à l'emploi immédiat des appareils mécaniques, fait adhérer les muscles à la peau et ne permet plus tard qu'une extension très faible, quand la rétraction de la cicatrice ne diminue pas elle-même les bénéfices immédiats de l'opération. Quant à ses résultats définitifs, ils ne sont et ne peuvent être plus avantageux. Un redressement toujours incomplet de la tête, la persistance d'un certain degré de rotation et presque toute l'inclinaison de la colonne cervicale, sur la première vertèbre dorsale, voilà ce qu'il était permis d'obtenir par des procédés qui empêchent l'application immédiate des moyens mécaniques, qui entraînent la formation de cicatrices plus ou moins dures et étendues, et l'adhérence de la peau avec les parties sous-jacentes (1).

L'imperfection de ces résultats a pu et a dû être en grande partie méconnue, parce qu'on n'avait pas jusqu'ici fixé son attention sur le fait spécial de l'inclinaison cervico-dorsale, opposée à l'inclinaison de la tête. Or, cet élément, par sa persistance après l'opération chirurgicale, permet à l'axe longitudinal de la face de se replacer dans la verticale, bien que la tête reste inclinée sur la première vertèbre cervicale. Cette

---

(1) Vers la fin du mois de février, c'est-à-dire près de trois mois après l'opération que je fis le 2 décembre 1837, et en présence de MM. Lisfranc, Macgloughlin, Bruni (de Florence), Thompson (d'Edimbourg), Kuhn et autres médecins, et près de deux mois après celle que je fis publiquement à l'hôpital de la Pitié, dans l'amphithéâtre de M. Lisfranc, M. le docteur Ruef (de Strasbourg), chargé de l'analyse des journaux allemands pour la GAZETTE MÉDICALE, m'a fait part d'un premier cas de section sous-cutanée des muscles sterno et cleïdo-mastoïdiens, pratiquée par M. Stromeyer (de Hanovre). Mais dans ce cas il s'agissait d'une affection spasmodique intermittente des muscles sterno et cleïdo-mastoïdiens et du trapèze. M. Stromeyer a d'ailleurs fait successivement la section des trois muscles, a pratiqué deux ouvertures opposées à la peau; et par la nature même de l'affection, il n'a pas été obligé de recourir à un traitement mécanique actif.

Depuis la première publication de ce mémoire, quelques autres faits analogues ont été remis en lumière (voir les notes placées à la fin du mémoire).

combinaison de mouvemens donne à la tête l'apparence d'un redressement complet; mais, en y regardant de plus près, on s'aperçoit
que le redressement n'est qu'apparent, et qu'en faisant disparaître
l'inclinaison de la colonne cervicale, le degré persistant de l'inclinaison de la tête du côté opposé se montrerait dans toute son
étendue.

Ce qui précède prouve tout à la fois combien un traitement mécanique consécutif à l'opération chirurgicale était indispensable, et cependant combien peu la science possédait de ressources pour sa-
tisfaire à cette indication. Il est inutile d'insister pour montrer que les
causes de cette lacune tenaient autant au défaut de notions précises sur
la constitution anatomique de la difformité, qu'à l'emploi de procédés
chirurgicaux qui s'opposaient à l'application des machines dans les premiers temps de l'opération, alors qu'elles eussent pu produire quelques
résultats. Ce que je dis en général a pu être vérifié en particulier dans
les opérations pratiquées par MM. Roux et Magendie, avec l'assistance
de M. Bouvier. En sa qualité d'orthopédiste, ce médecin aurait dû,
mieux que personne, indiquer quelques moyens propres à compléter
le traitement chirurgical. Or, dans l'opération exécutée avec son assistance par M. Roux, à l'Hôtel-Dieu, le 25 novembre 1836, il fit construire une machine dont il n'existait pas de modèle dans la science,
mais qui fit tant souffrir le malade qu'elle ne put être supportée (1). Le

---

(1) J'extrais les détails suivans sur l'appareil imaginé par M. Bouvier, et
les circonstances où il a été mis en usage, de l'observation que je dois à l'o-
bligeance d'un des internes de l'Hôtel-Dieu : « Après le pansement, on cou-
cha le malade sur une machine composée : 1° d'un plan horizontal; 2° de
deux lames de tôle verticales, rembourrées et disposées de manière à empêcher l'épaule droite de s'abaisser et à la gauche de s'élever; 3° de brides ma-
telassées, embrassant le menton et le front; 4° de courroies, les unes tirant la
tête à droite et les autres la faisant tourner à gauche, se fixant toutes sur le
plan horizontal en bois matelassé. Cette machine fit beaucoup souffrir le malade; le soir, il avait beaucoup de fièvre, le pouls plein et fréquent. Le 26,
angine très intense, impossibilité presque complète d'avaler. Chaque fois que
le malade avale sa salive, la douleur est si vive qu'il survient des contractions

souvenir de ce mécompte empêcha probablement M. Bouvier de renouveler toute tentative, car chez le malade opéré en dernier lieu par
M. Magendie, aucun traitement mécanique consécutif n'a été employé;
aussi le sujet a-t-il conservé la plus grande partie de sa difformité, c'est-
à-dire un certain degré d'inclinaison et de rotation de la tête, et une
inclinaison considérable en sens inverse de la colonne cervicale sur
la première vertèbr dorsale. En présence de ces résultats, il est
inutile d'insister pour montrer l'importance des indications nouvelles
que je crois avoir précisées, et des moyens que j'ai imaginés pour les
remplir.

Il me reste à donner les observations détaillées des cas où j'ai appliqué la méthode de traitement exposée dans ce mémoire. Cette application, je l'ai faite deux fois avec le plus grand succès; la première,
dans mon établissement, le 2 décembre 1827, en présence de MM. Lisfranc, Macgloughlin, Bruni de Florence, Thompson d'Edimbourg et
Kuhn; la seconde, à l'hôpital de la Pitié, le 16 janvier dernier, à la clinique de M. Lisfranc, en présence de ce célèbre chirurgien, et de
MM. les docteurs Pinel-Grandchamp, Sédillot, Piorry, Simon et des
élèves qui suivent habituellement la clinique de cet hôpital.

Voici ces deux observations :

TORTICOLIS DE NAISSANCE TRÈS CONSIDÉRABLE, PAR SUITE DE RÉTRACTION ET D'AR-
RET DE DÉVELOPPEMENT BORNÉ AU STERNO-MASTOÏDIEN GAUCHE, CHEZ UN JEUNE
HOMME DE 19 ANS ; INTÉGRITÉ DES FONCTIONS DU CLEÏDO-MASTOÏDIEN ; FORTE
INCLINAISON DE LA RÉGION CERVICALE A DROITE ; ATROPHIE, TIRAILLEMENT ET
ABAISSEMENT REMARQUABLES DE TOUTE LA MOITIÉ GAUCHE DE LA FACE : INÉGA-
LITÉ DU CRANE; DÉVIATION CONSÉCUTIVE TRÈS PRONONCÉE DE L'ÉPINE DORSALE
A GAUCHE; DEUX COUMBURES DORSO-LOMBAIRES : DIFORMITÉ PARTICULIÈRE DE
LA POITRINE. (Observation recueillie à l'institut orthopédique de la Muette.)

OBS. I. — M. P. B., âgé de 19 ans, entré dans mon établissement le 8 septembre 1857, est né à Alata, près Ajaccio (Corse). Il a toujours habité un

---

brusques dans les divers muscles et surtout dans ceux des membres inférieurs
(saignée de 4 palettes); on supprime l'appareil extenseur.» Il serait injuste
de mettre tous ces accidens sur le compte de l'appareil de M. Bouvier.

château vaste et bien situé. Personne de sa famille ne présente de difformité ni de maladie nerveuse ou tuberculeuse. Il est d'une bonne constitution, tempérament sanguin et bilieux, cheveux brun-roux, yeux bruns, peau blanche, avec beaucoup d'éphélides, secrétant en abondance une matière sébacée brunâtre, très fétide.

Depuis la naissance jusqu'à l'âge d'un an il a été maladif, pleurant jour et nuit, mais il ne peut dire quelle était sa maladie. Il ne sait si sa première dentition a été accompagnée d'accidens graves. Il a été vacciné seulement vers l'âge de 5 à 6 ans, et a eu la rougeole à 9 ans.

Histoire de la difformité. — Il présente :

1° Un torticolis ancien très prononcé, par suite de la rétraction du muscle sterno-mastoïdien gauche, avec forte inclinaison et rotation de la tête;

2° Inclinaison très prononcée, à droite, de la région cervicale sur la région dorsale ;

3° Atrophie, tiraillement et abaissement de toute la moitié gauche de la face;

4° Déviation latérale de l'épine à gauche, dorsale moyenne, deux courbures, sensibles à la direction des apophyses épineuses ;

5° Difformité de la poitrine, consistant dans une dépression et un déplacement du sternum et une projection considérable des épaules en avant.

On ne s'est aperçu de la difformité du cou que vers l'âge d'un an. Depuis cette époque elle a toujours augmenté. Par suite de la rétraction du sterno-mastoïdien gauche, la tête a éprouvé un mouvement d'inclinaison à gauche et de rotation à droite. L'axe vertical de la tête est oblique de haut en bas et de gauche à droite, rencontrant l'axe de la colonne sous un angle de 145°. Le plan antérieur de la face, au lieu d'être parallèle à celui du tronc, est tourné à droite, faisant avec ce dernier un angle d'environ 56° ouvert à gauche. L'angle gauche de la mâchoire inférieure correspond au milieu de la fourchette du sternum, et la symphyse du menton au 1/3 interne de la clavicule droite. En même temps, le cou est fléchi au point que le menton n'est distant de la clavicule que de 1 centimètre 5 millimètres. La rétraction active est évidemment bornée au sterno-mastoïdien (chef sternal du sterno-cleïdo-mastoïdien). Il est tendu, raccourci, très dur, saillant sous les tégumens, tandis que le cleïdo-mastoïdien reste aplati, dépressible, quelle que soit la tension qu'on imprime au sterno-mastoïdien.

La tension du sterno-mastoïdien et l'inclinaison consécutive de la tête ont opéré d'importantes modifications dans la disposition et la symétrie des différentes parties de la face;

1° Toutes les parties correspondantes à droite et à gauche sont situées sur des lignes horizontales différentes. Les parties du côté gauche sont plus basses que celles du côté droit, en sorte que, si la tête était redressée, toute la moitié gauche de la face conserverait une direction très oblique de haut en bas et de dedans en dehors. Par suite de cette disposition générale, une ligne partant de la bosse nasale et suivant toute la longueur du nez jusqu'à la symphyse du menton, décrirait une courbe dont la convexité regarderait à droite.

2° L'œil gauche est allongé, oblique de haut en bas et de dedans en dehors; la paupière inférieure est sensiblement plus rapprochée de l'aile du nez que celle du côté opposé. Les axes transversaux des deux yeux ne sont pas sur la même ligne, mais irrégulièrement superposés (1). Le bout du nez est fortement attiré en bas et à gauche. La lèvre inférieure suit la même direcion. En un mot, toute la moitié gauche de la face est moins développée que la droite, et visiblement attirée dans le sens du muscle sterno-mastoïdien.

Le crâne est inégal; la moitié droite prédomine sur la moitié gauche. Le 1/2 périmètre horizontal droit est de 18 centimètres, 5 millimètres; le gauche de 17 centimètres 5 millimètres.

La colonne cervicale offre une très forte inclinaison à droite, au niveau de l'articulation de la dernière cervicale avec la première dorsale. L'angle d'inclinaison des vertèbres cervicales sur la région dorsale est d'environ 155°. A la hauteur de la troisième vertèbre du cou, la colonne cervicale se recourbe à gauche, de manière qu'elle présente vers son quart supérieur une légère convexité à droite. Cette courbure, limitée à la région cervicale, est accompagnée d'un léger mouvement de torsion, qui rend le côté droit de la nuque très saillant, tandis que le côté gauche est déprimé en proportion. La tête est manifestement plus inclinée à gauche que ne le comporterait la direction de l'extrémité supérieure de la colonne cervicale, en sorte que les condyles occipitaux sont sensiblement inclinés à gauche sur l'atlas, et l'axe vertical de la tête forme avec l'extrémité prolongée de la colonne cervicale un angle d'environ 110°.

L'épaule gauche est plus élevée que la droite. La différence de hauteur entre les deux scapulum est de cinq centimètres; le dos présente en outre les caractères dépendant de la déviation latérale de l'épine.

La poitrine a subi une déformation toute particulière. Les épaules sont portées en avant et se trouvent dans un plan plus antérieur que celui du sternum. Celui-ci est très déprimé dans sa moitié inférieure. Les sept premières côtes sont saillantes de chaque côté. Leurs cartilages forment d'assez fortes courbures convexes en avant, courbures dont le sommet correspond à leur partie moyenne, tandis que leur extrémité sternale se tourne en arrière pour gagner le sternum, lequel occupe le fond d'une gouttière assez profonde. Les fausses côtes sont déprimées : il en résulte un léger rétrécissement circulaire dans la base du thorax. La saillie des cartilages des vraies côtes, circon-

---

(1) Cette remarque appartient à M. Savart.

scrite en dedans par la dépression du sternum et en bas par le rétrécissement circulaire du thorax, soulève assez fortement les grands pectoraux et la peau des environs des mamelons, et donne à la poitrine de ce sujet l'apparence d'une gorge de femme.

La respiration s'exécute facilement et complètement. Toutes les côtes se soulèvent pendant l'inspiration, et tous les muscles inspirateurs se contractent dans les fortes inspirations. Ce sujet offre une preuve frappante de la duplicité de fonctions des muscles sterno et cleïdo-mastoïdiens. A gauche comme à droite on voit le premier de ces deux muscles rester dans l'inaction pendant les fortes inspirations, tandis que les contractions du cleïdo-mastoïdien surtout à gauche sont on ne peut plus évidentes.

Les mouvemens de la tête sont bornés dans plusieurs points : la rotation à gauche est tout-à-fait impossible, et les mouvemens de flexion et d'extension de la tête ne peuvent avoir lieu que suivant une diagonale qui passerait par la branche gauche de la fourchette du sternum et ressortirait par l'épaule droite. L'inclinaison de la tête à droite est impossible. A gauche, elle a lieu obliquement d'avant en arrière et de droite à gauche. A part ces difficultés dans les mouvemens généraux de la tête et du cou, toutes les vertèbres cervicales paraissent avoir conservé en grande partie leur mobilité. Pendant la station debout le tronc s'incline à droite pour compenser l'inclinaison de la tête.

TRAITEMENT. — Extension appliquée pendant deux mois. Elongation de 3 centimètres dans le muscle rétracté ; mais dès lors état stationnaire. Le muscle sterno-mastoïdien est tellement dur et tendu qu'il ne laisse aucun espoir d'un allongement nouveau par cette méthode. Je me décide donc à faire la section du sterno-mastoïdien, à 2 centimètres environ au dessus de la fourchette du sternum.

L'opération fut pratiquée le 2 décembre 1837, en présence de MM. Lisfranc, Macgloughlin, Bruni de Florence, Thompson d'Edimbourg, Kuhn, etc. Le malade est couché sur un lit bas, relevé en pente dans son tiers supérieur ; la tête est attirée à droite et portée dans la rotation exagérée du même côté ; de manière à faire saillir le plus possible le muscle sous la peau. Par ce mouvement, on l'isole si bien de toutes les parties sous-jacentes qu'on peut le cerner avec le pouce et l'index. Je me plaçai au côté gauche du malade ; je fis un pli à la peau, parallèle au muscle. A la base de ce pli, j'introduisis à plat un bistouri pointu, étroit et légèrement concave sur le tranchant. Cette forme me permit de ne faire à la peau qu'une simple piqûre fort étroite, de glisser mon instrument avec facilité entre la peau et le muscle, de contourner celui-ci et de le couper sans effort. La division du muscle se manifesta par un craquement que tous les assistans entendirent, et par un léger redressement de la tête. Un phénomène assez fréquent dans ces sortes d'opérations, et propre au procédé que j'emploie, a été l'introduction bruyante d'une certaine quantité d'air dans la plaie. Le malade excessivement pusillanime s'écria qu'il était *mort*, mais il n'est point tombé en syncope, et je ne crois pas que la moindre quantité de ce gaz se soit introduite dans les veines. L'introduction de l'air s'explique d'ailleurs facilement par le vide formé entre les deux bouts du muscle séparés brusquement, vide que la peau ne pouvait remplir à cause de la tension où elle était maintenue. Le bruit qui accompagna cette introduction s'explique aussi par le défaut de parallélisme de la plaie de la peau et de celle du muscle et par l'étroitesse de la première.

La petite plaie de la peau n'a fourni qu'une goutte de sang. Elle a été réunie par un peu de diachylon gommé.

Aucun autre accident ne se manifesta à la suite de l'opération. Quelques heures après, en voulant redresser la tête, je sentis encore une légère résistance, et je m'assurai par le toucher que la gaîne du muscle n'avait pas été suffisamment divisée : j'introduisis de nouveau l'instrument par la même ouverture ; je divisai les parties restantes et je refermai la petite plaie. Le malade resta couché jusqu'au surlendemain sans aucune tentative d'extension. Le lendemain de l'opération aucun accident ne s'était manifesté, si ce n'est un léger gonflement autour de la plaie. L'espace entre les deux bouts du muscle est rempli par une matière qui paraît semi-fluide au toucher. La plaie de la peau est fermée. Légère douleur lorsqu'on imprime des mouvemens à la tête.

Troisième jour. On couche le sujet sur l'appareil qu'il occupait avant l'opération.

Quatrième jour. L'extension est portée un peu plus loin. Le malade n'éprouve presque aucune douleur.

Sixième jour. On sent déjà une légère résistance dans le chef musculaire qui a été divisé. Aucun accident.

Huitième jour. La résistance devient plus forte, et l'on sent au niveau de la plaie une nodosité formée par la matière provenant des parties divisées. Le malade se lève pour prendre ses repas.

Dixième jour. Le redressement de la tête peut être porté au-delà de la ligne droite. Le malade se lève deux heures par jour. La tête est maintenue au moyen d'un petit appareil en ruban de fil que j'ai décrit dans mon mémoire et qui a pour but d'augmenter l'action du sterno-mastoïdien du côté sain.

Onzième jour. La tête paraît entièrement redressée, mais il existe encore une inclinaison assez considérable de la région cervicale sur la région dorsale qui compense le dernier degré d'inclinaison de la tête et qui la fait croire entièrement redressée au premier abord.

On continue le traitement mécanique comme je l'ai décrit dans ce mémoire. L'extension progressive de tous les muscles s'opère sans trop de résistance, et la colonne cervicale se redresse. Après deux mois de ce traitement, tous les élémens du torticolis avaient disparu. Les mouvemens du cou étaient faciles dans tous les sens, et il ne restait d'autre trace de la difformité que la déformation avec atrophie de la moitié gauche de la face. L'espèce de cal formé entre les deux bouts du tendon divisé a été presque entièrement résorbé.

La déviation de l'épine paraît ancienne; elle offrira sans doute de grands obstacles au redressement. Un traitement actif et longtemps continué en pourra triompher.

Cette observation est assez explicite sous tous les rapports pour que je me dispense d'en faire ressortir les points importans. Je me borne à rappeler que ce cas offre un exemple de torticolis porté au plus haut degré, et cependant la rétraction musculaire était bornée au sterno-mastoïdien (chef sternal); de plus le mouvement respiratoire était manifeste dans le cleïdo-mastoïdien et nul dans le sterno-mastoïdien. La section sous-cutanée, à l'aide d'une simple ponction du seul sterno-mastoïdien, a suffi pour obtenir la plus grande partie du redressement de la tête; le traitement mécanique a complété ce redressement et a triomphé de l'inclinaison inverse de la région cervicale.

TORTICOLIS DATANT DE 20 ANS, SUITE DE CONVULSIONS, CHEZ UN HOMME DE 22 ANS; RÉTRACTION DU STERNO-MASTOÏDIEN DROIT, LE CLEÏDO-MASTOÏDIEN RESTANT DANS LE RELACHEMENT; INCLINAISON ALTERNATIVE DE LA TÊTE SUR LA COLONNE A DROITE, ET DE LA COLONNE CERVICALE A GAUCHE SUR LA COLONNE DORSALE; MOUVEMENS DE FLEXION ET D'EXTENSION DE LA TÊTE SUIVANT UNE DIAGONALE; POINT DE DÉVIATION DE LA COLONNE; ATROPHIE DE LA MOITIÉ DROITE DE LA FACE; SECTION DU MUSCLE RÉTRACTÉ; TRAITEMENT MÉCANIQUE CONSÉCUTIF; GUÉRISON. (Observation recueillie à la Pitié, janvier 1838.)

OBS. II. — M. Bray (Louis), âgé de de 22 ans, ancien étudiant en droit, aujourd'hui commis négociant, d'une forte constitution, tempérament sanguin, est né à Paris, de parens aisés. Il n'y a point de difformité dans sa famille, si ce n'est un de ses oncles qui est devenu bossu, dit-il, à la suite d'une chute. Il a eu, vers l'âge de dix-huit mois, lorsqu'il était en nourrice, des convulsions, à la suite desquelles on s'est aperçu que sa tête s'inclinait à droite. On ne fit d'abord aucune attention à cette difformité; mais, au bout de quelques années, à mesure que l'enfant grandissait, la tête s'inclina de plus en plus. On lui recommandait sans cesse de la porter en sens opposé. Les efforts qu'il fit n'amenèrent point le redressement de la tête, mais parurent déterminer une élévation de l'épaule droite et un abaissement de l'épaule gauche. La différence de hauteur entre les deux scapulum peut être évaluée aujourd'hui à environ 2 pouces.

Voici l'état dans lequel il se trouve à son entrée en traitement :

La tête a subi un mouvement d'inclinaison latérale à droite et de rotation de droite à gauche autour de son axe vertical. L'axe de la tête fait avec celui du corps un angle de 135° : en même temps la face est tournée à gauche, de manière que son plan antérieur coupe celui du tronc sous un angle de 45°. Une ligne verticale abaissée de la commissure labiale du côté droit tomberait juste dans la ligne médiane du tronc. La distance entre l'angle de la mâchoire et la clavicule du côté malade, quand le muscle rétracté est porté dans sa plus grande extension, est de 7 centim., 2 p. 6 lig.; à gauche, de 9 centim. 5 mm., 3 p. 6 lig.

Le sterno-mastoïdien droit est rétracté à un point considérable, et d'une consistance qui parait fibreuse. Il est habituellement tendu, saillant sous la peau, dur comme du bois, même dans la situation habituelle de la tête; il est absolument inextensible, du moins instantanément. Ce n'est qu'en portant l'inclinaison de la tête à droite à un point extrême qu'on parvient à le relâcher; lorsque, au contraire, on essaie de redresser la tête, la tension du muscle devient excessive. Si l'on veut redresser simultanément la tête et exagérer la rotation à gauche, on fait saillir considérablement la portion rétractée, et la peau est fortement soulevée. Dans cette position, le muscle s'isole complètement des parties sons-jacentes et ne se trouve plus en rapport qu'avec la peau. On peut le cerner de toutes parts avec les doigts : c'est la situation indiquée pour l'opération.

Le cleïdo-mastoïdien (portion claviculaire) est dans le relâchement et ne laisse apercevoir aucune saillie sous la peau ; le sterno et le cleïdo-mastoïdiens du côté opposé ont conservé leurs formes et dimensions normales.

Voici leurs mesures comparatives à droite et à gauche :

Longueur du sterno-mastoïdien droit......... 8 cent. (3 p.)
    Id.   id.   gauche......... 17 cent. 5 mm. (6 p. 6 l.).

La colonne vertébrale ne présente de déviation que dans la région cervicale. Partout ailleurs l'épine paraît droite. Mais au niveau de la septième cervicale, la colonne s'incline brusquement à gauche, de manière à présenter en ce point un angle ouvert à gauche d'environ 145°. Les trois premières vertèbres cervicales reviennent de nouveau un peu à droite, et présentent une très légère convexité à gauche ; mais le principal mouvement d'inclinaison de la tête à droite se passe dans l'articulation occipito-atloïdienne.

Toutes les parties de la face à droite présentent un arrêt de développement. Toutes sont un peu moins longues ou un peu moins larges que leurs correspondantes du côté gauche. Ainsi, l'œil droit est moins fendu ; la moitié droite du nez moins longue ; la joue droite également un peu moins longue. La hau-

teur verticale de la face à gauche excède celle de la moitié droite d'un demi-
pouce. En même temps, la moitié droite de la face, indépendamment de l'inclinaison de la tête, est sensiblement abaissée. Une ligne qui passerait par le
milieu des deux yeux, en supposant la tête redressée, serait oblique de haut
en bas et de gauche à droite ; de plus, les axes transversaux des yeux sont sur
deux lignes superposées presque parallèles. La ligne de la bouche est également oblique. Le nez présente une légère courbure, qui a sa convexité à gauche, le bout du nez étant tourné à droite. Mais ces différences sont beaucoup
moins marquées chez ce sujet que dans d'autres cas analogues que j'ai eu occasion d'observer.

Hors les mouvemens de la tête et du cou, tous les autres sont parfaitement
libres et réguliers. Les mouvemens de flexion et d'extension de la tête sur la
colonne sont assez faciles dans une certaine étendue; mais ils ne peuvent s'opérer que suivant une diagonale. Il en résulte que dans la flexion extrême, le
menton, au lieu de tomber sur la fourchette du sternum, arrive sur le
quart interne de la clavicule gauche qu'il touche, non point par toute sa
face inférieure, mais seulement par son bord droit. Cette dernière circonstance
tient à l'inclinaison permanente de la tête, et la première (la déviation du menton à gauche) au mouvement de rotation de la tête sur son axe. Le contraire
s'observe dans l'extension de la tête; mais celle-ci est très limitée à cause du
raccourcissement du sterno-mastoïdien : elle ne peut pas même être portée jusqu'au redressement complet. Néanmoins, la mobilité des vertèbres entre elles
ne paraît pas sensiblement diminuée, et l'absence de courbure notable dans la
continuité de la région cervicale ne permet pas de supposer une déformation
sensible de ces dernières. En examinant attentivement ce qui se passe dans les
muscles du cou pendant les fortes inspirations, on voit manifestement le sterno-mastoïdien (chef sternal) rester inactif, tandis que le cleïdo-mastoïdien est
le siége de contractions très prononcées. Ce dernier reste au contraire inactif dans les simples mouvemens de la tête. Ce fait est on ne peut plus évident sur ce sujet : un grand nombre de personnes ont pu s'en assurer à la
visite de M. Lisfranc.

Toute tentative d'allongement par les moyens mécaniques m'ayant paru
inutile, je me suis décidé à faire la section sous-cutanée du sterno-mastoïdien seul. L'opération fut pratiquée le 16 janvier 1838, à l'amphithéâtre de
la Pitié, en présence de MM. Lisfranc, Piorry, Sédillot, Pinel-Grandchamp,
et d'un grand nombre d'élèves. Elle ne dura que quelques secondes, à l'aide
d'une simple ponction de la peau, et d'après le premier des deux procédés
décrits dans mon mémoire.

La division du muscle s'annonça par un craquement qu'on entendit de toutes les parties de la salle, et à l'instant la tête put être redressée et tournée
en sens divers dans une assez grande étendue. Le malade n'a pas éprouvé la
moindre douleur ; quelques gouttes de sang s'écoulèrent par la petite plaie : on

les étancha et on réunit par première intention, au moyen d'un emplâtre de diachylon gommé.

Le lendemain de l'opération, il ne s'était manifesté aucun accident : pas même un léger mouvement fébrile ; point de rougeur, ni douleur, ni tuméfaction.

Le *troisième jour*, la piqûre est cicatrisée. On commence l'application de l'appareil décrit dans mon mémoire.

Les *quatrième et cinquième jours*, rien de nouveau. On gradue l'action de l'appareil.

Sixième jour. Un peu de rougeur érythémateuse se manifeste autour de la cicatrice. Elle paraît avoir été occasionnée par le diachylon qu'on avait oublié d'enlever. La suppression de cet irritant et une friction avec l'axonge font disparaître cette légère inflammation.

Au bout de quatre semaines le redressement était complet.

Aujourd'hui le malade peut exécuter tous les mouvemens de la tête et dans tous les sens, avec la plus grande facilité. L'inclinaison de la colonne cervicale sur la région dorsale a entièrement disparu, et il ne reste de la difformité que le défaut de symétrie entre les deux moitiés de la face ; les deux muscles sterno-mastoïdiens ont exactement la même longueur.

Cette seconde observation est presque la répétition de la précédente : isolement de l'affection au seul muscle sternal; action respiratoire évidemment bornée au cleïdo-mastoïdien ; section sous-cutanée du seul muscle primitivement rétracté ; enfin, inclinaison inverse de la colonne cervicale, et finalement guérison complète à l'aide du traitement mécanique consécutif.

Dans les deux cas, le redressement de la tête et du cou a été fort rapide, quoique la difformité datât de dix-huit et vingt ans, et quoiqu'elle fût très considérable. Cette circonstance ne peut s'expliquer, ainsi que je l'ai établi, que par deux conditions utiles à rappeler ; à savoir premièrement, qu'il existait très peu de courbure dans la continuité de la colonne cervicale, et par conséquent peu de déformation dans les vertèbres ; secondement, que la difformité consistait principalement dans deux inclinaisons inverses, de la tête sur la colonne, et de la colonne cervicale sur la première vertèbre dorsale, inclinaisons qui ne sont que l'exagération de mouvemens articulaires normaux.

Je n'insiste pas ici sur plusieurs particularités anatomiques, qui ont trait plutôt à la description de la difformité qu'à son traitement : j'aborderai ces points ailleurs avec les développemens qu'ils méritent.

En résumé, des observations et des expériences rapportées dans ce mémoire, je crois pouvoir tirer les conclusions suivantes :

1° Le muscle sterno-cleïdo-mastoïdien, considéré jusqu'ici comme un seul et même muscle, constitue deux muscles distincts : le sterno-mastoïdien et le cleïdo-mastoïdien. Ces deux muscles ont des fonctions séparées ; le premier est surtout moteur de la tête, l'autre est un muscle essentiellement inspirateur.

2° Dans le torticolis ancien, attribué jusqu'ici au raccourcissement total du sterno-cleïdo-mastoïdien, la portion sternale du muscle, ou le sterno-mastoïdien proprement dit est, dans le plus grand nombre des cas, seule primitivement affectée ; d'où il résulte que la section de ce muscle suffit généralement pour faire disparaître la cause essentielle de la difformité.

3° La section du sterno-mastoïdien doit être pratiquée à six lignes au-dessus de son insertion sternale et à l'aide d'une simple ponction sous-cutanée. Cette opération, qui peut être appliquée au cleïdo-mastoïdien, lorsqu'il participe à la rétraction active de son congénère, ne cause aucune douleur, ne donne lieu à aucune effusion de sang, et peut être pratiquée en quelques secondes.

4° Dans le torticolis ancien, il existe, en sens inverse de l'inclinaison de la tête sur la colonne, une inclinaison de totalité de la colonne cervicale sur la première vertèbre dorsale, qui persiste après le traitement chirurgical, et qui réclame un traitement mécanique consécutif. Ce traitement consiste dans l'emploi d'un appareil orthopédique propre à opérer l'inclinaison et la rotation de la tête en sens inverse de l'inclinaison et de la rotation pathologiques et l'extension de tous les muscles du cou.

5° La double inclinaison en sens inverse de la tête sur la colonne cervicale et de la colonne cervicale sur la région dorsale, caractérisant le torticolis ancien, ne sont que l'exagération de mouvemens articulaires normaux. Cette circonstance explique l'absence de déformation notable des vertèbres comprises dans la difformité, la facilité et la rapidité du redressement du cou, et établit la possibilité d'obtenir la guérison de cette difformité, même à un âge avancé.

NOTES ET ÉCLAIRCISSEMENS.

Les documens et articles qui suivent ont paru dans la GA-
ZETTE MÉDICALE quelques temps après la publication de mon
mémoire. Je les reproduis dans l'ordre où ils ont été insérés,
sans autres commentaires, persuadé qu'ils diront d'eux-mêmes
tout ce que je voudrais leur faire dire, et qu'ils exposeront
méthodiquement les divers points litigieux que j'ai rappelés
dans mon avant-propos.

I. CAS DE TORTICOLIS ANCIEN, TRAITÉS PAR DIFFÉRENS AU-
TEURS, AU MOYEN DE LA SECTION SOUS-CUTANÉE DES MUS-
CLES STERNO ET CLEIDO-MASTOIDIENS (1).

Depuis la publication de mon mémoire sur le traitement du torticolis ancien (V. GAZ. MÉD., 7 avril 1838), beaucoup de personnes
se sont occupées de savoir ce qui avait pu être fait dans la même direction. Leurs indications et mes recherches particulières m'ont conduit à rassembler sur ce point de thérapeutique chirurgicale tous
les documens propres à en faire connaître le développement, et
à établir le véritable caractère du complément que je crois y avoir
ajouté.

---

(1) GAZETTE MÉDICALE du 28 avril 1838.

Les auteurs dont la pratique paraît avoir offert quelque rapport avec la mienne sont : Dupuytren, MM. Stromeyer, de Hanovre, et Syme d'Edimbourg. Je vais reproduire littéralement l'histoire des cas appartenant à ces auteurs (1).

TORTICOLIS ANCIEN CHEZ UNE FILLE DE DIX ANS ; RÉTRACTION DU STERNO-MASTOÏDIEN ; SECTION SOUS-CUTANÉE D'ARRIÈRE EN AVANT DES DEUX MUSCLES STERNO ET CLEÏDO-MASTOÏDIENS ; AMÉLIORATION CONSIDÉRABLE ; par DUPUYTREN (2).

Obs. I. — Une jeune fille, âgée d'environ dix ans, était atteinte de torticolis depuis près de trois ans, par suite d'une contraction spasmodique continuelle du muscle sterno-mastoïdien droit ; elle entra à l'Hôtel-Dieu de Paris dans le mois de janvier 1822. Vers le 16 du même mois M. Dupuytren pratiqua l'opération suivante :

La malade étant assise en face d'une croisée, la tête inclinée à gauche contre la poitrine d'un aide, la pointe d'un bistouri droit et étroit fut plongée à travers la peau, exactement au-devant du côté *interne de l'extrémité sternale* du muscle contracté. On baissa ensuite le manche du bistouri pour faire glisser à plat la lame *sous* le muscle, jusqu'à ce *qu'elle sortît au côté externe de son bord claviculaire.* On tourna alors le tranchant en avant, et l'on coupa en sciant une suffisante quantité de fibres musculaires pour rendre à la tête sa position naturelle.

Par ce moyen, les tégumens ne furent point divisés et on évita en conséquence la difformité d'une cicatrice ; but d'autant plus désirable que le sujet de l'opération était une femme.

On maintint dans l'écartement les fibres divisées, en abaissant la clavicule et en faisant pencher la tête du côté gauche. Pour cela on fixa fortement la main droite sur le pied au moyen d'une bande roulée, en faisant fléchir la jambe à peu près comme pour l'opération de la taille, et l'on passa sur la tête une autre bande roulée qui venait se rendre sous l'aisselle.

La malade fut portée dans son lit. Au bout de treize jours la plaie fut complètement guérie ; les mouvemens du cou étaient libres, quoique le visage fût un peu tourné à gauche, à cause de la longue position qu'il avait fallu garder. On réappliqua les bandages jusqu'au 21 février, époque à laquelle

---

(1) Quoique je n'aie eu connaissance de ces observations que longtemps après mes deux opérations, je n'hésite pas à les publier en même temps que les miennes, afin d'éviter à d'autres la peine de faire des rapprochemens que je suis heureux d'effectuer le premier.

(2) Cette observation est extraite textuellement du *Manuel de médecine opératoire* de M. Coster (p. 156).

on les enleva définitivement. Les mouvemens du cou étaient parfaitement libres dans tous les sens, et la tête ne resta *que légèrement penchée du côté gauche*.

Cette observation est précieuse en ce qu'elle consacre un premier et notable perfectionnement dans le mode opératoire : la section sous-cutanée des deux muscles, mais section *simultanée des deux muscles* et à l'aide de *deux ouvertures* à la peau (1). Elle montre, en outre, malgré le silence de l'observateur sur l'existence de l'inclinaison cervico-dorsale, que cette inclinaison devait exister et que le traitement consécutif employé n'a pas réussi à la faire disparaître, ainsi que la totalité de l'inclinaison de la tête. Cela devait être, car l'appareil employé, agissant précisément dans le sens de cette inclinaison, ne pouvait la faire disparaître et ramener l'axe de la tête dans l'axe du corps.

TORTICOLIS ANCIEN CHEZ UN GARÇON DE 8 ANS ; SECTION SOUS-CUTANÉE ET D'AVANT EN ARRIÈRE DES DEUX MUSCLES STERNO ET CLÉIDO-MASTOÏDIENS ; DEUX OUVERTURES AUX TÉGUMENS ; GUÉRISON ; par M. STROMEYER.

OBS. II. — J'ai pratiqué cette opération, dit M. Stromeyer, le 20 septembre, sur un garçon de 8 ans, dont le sterno-mastoïdien était contracté depuis trois ans, et avait produit un torticolis très prononcé. Je n'ai pas employé le pro-

---

(1) Suivant M. Dezeimeris, l'opération faite par Dupuytren aurait été décrite avec quelques différences dans un parallèle entre les chirurgies allemande et française par d'Ammon. L'historien allemand aurait écrit que Dupuytren s'était servi d'un bistouri *boutonné* et qu'il n'aurait fait qu'une ponction à la peau. Or voici ce qu'écrit le même d'Ammon en 1837, toujours d'après l'interprétation de M. Dezeimeris, et toujours en parlant de l'opération de Dupuytren : « A peine croira-t-on que la France n'eût pas un seul chirurgien qui daignât examiner la doctrine de ce savant ; c'est pourtant ce qui eut lieu, car Dupuytren, l'immortel Dupuytren, qui, pour guérir un torticolis, coupa le faisceau sternal du muscle sterno-cléido-mastoïdien, fit cette opération selon la méthode des chirurgiens hollandais, plutôt que de marcher sur les traces de Delpech. » EXPÉRIENCE, 1837, p. 151. — M. Dezeimeris expliquera sans doute la contradiction que présentent ces deux traductions du même auteur insérées dans son journal. — Quant à nous, nous maintenons l'exactitude de la version de M. Coster, parce qu'elle nous a été confirmée par d'autres témoins oculaires.

cédé de Dupuytren, qui passait un bistouri à lame étroite derrière le muscle et en opérait la section d'arrière en avant. Mais, après avoir porté le muscle dans la plus forte tension possible, j'ai fait à la peau qui recouvrait le muscle un pli parallèle à sa direction ; à la base de ce pli j'introduisis transversalement un bistouri étroit à tranchant convexe. Un craquement m'avertit que le muscle était divisé; à l'instant la tête fut redressée. On avait, avant l'opération, fait toutes sortes d'essais pour la redresser, au moyen de l'extension ; mais on n'ava ·obtenu aucun résultat, à cause de la structure presque fibreuse de la portion sternale de ce muscle. Les *deux petites* plaies, longues seulement de trois lignes, étaient cicatrisées le lendemain. Le traitement ultérieur fnt dirigé d'après les principes que j'ai déjà mis en pratique après la section du tendon d'Achille. Je laissai d'abord la réunion se faire entre les deux muscles, et le troisième jour j'appliquai un appareil extensif. Cette opération a été couronnée d'un plein succès. La tête se tient droite et l'action du muscle est entièrement conservée (1).

Cette première observation de M. Stromeyer ne diffère de celle de Dupuytren qu'en ce que la section des deux muscles a été faite d'avant en arrière, au moyen d'un bistouri convexe, au lieu d'avoir été faite d'arrière en avant au moyen d'un bistouri droit. Dans les deux cas, la peau a été traversée des deux côtés et les deux muscles coupés simultanément. Même absence de renseignemens sur l'inclinaison cervico-dorsale, par conséquent sur les moyens propres à la faire disparaître. M. Stromeyer a omis, en outre, de préciser le point dans lequel il a fait la section des deux muscles. Or, ce point est fort difficile à établir; car les deux muscles n'étant point dans le même plan , et n'ayant pas une même direction, on court grand risque, par les procédés employés dans les deux cas qui précèdent, ou de ne pas diviser la totalité des muscles ou de léser les parties sous-jacentes. Sous ce rapport déjà, la section simultanée des deux muscles devrait être proscrite. Dans l'observation suivante, M. Stromeyer a donné le premier exemple de la section isolée et successive des deux muscles.

---

(1) *Ueber Paralyse der Inspirations Muskeln*, vom Doctor L. Stromeyer. Hannover, 1826, p. 51. Cette observation n'avait jamais été publiée en France.

AFFECTION SPASMODIQUE ET INTERMITTENTE DES STERNO ET CLEÏDO-MASTOÏDIENS ET DE LA PORTION CLAVICULAIRE DU TRAPÈZE ; INSUCCÈS DES REMÈDES INTERNES ET EXTERNES ; SECTION SOUS-CUTANÉE DES TROIS MUSCLES ; DEUX OUVERTURES AUX TÉGUMENS ; ABSENCE DE TRAITEMENT MÉCANIQUE CONSÉCUTIF ; GUÉRISON ; par M. STROMEYER (1).

OBS. III. — N. N., âgée de 50 et quelques années, bien portante dès sa première jeunesse, a trois frères qui souffrent d'affections abdominales, et une de ses sœurs est atteinte d'hystérie. Dans sa dixième année, elle fut souvent témoin d'accès épileptiques dont un de ses frères fut atteint à la suite d'une blessure de tête; plus tard, son système nerveux devint plus irritable. Il y a six ans, elle eut une éruption aux mains, qui, après avoir duré trois ans, fut guérie par l'usage des bains d'Eilsen. Depuis sept ou huit ans, ses amis ont observé qu'elle portait la tête penchée d'un côté, ce qu'ils attribuaient à une affection. Au printemps de 1835, elle eut une frayeur, et dès ce moment son mal empira, malgré tous les soins d'un médecin expérimenté. En avril 1836, elle demanda les conseils de M. Stromeyer, qui la trouva assise dans un fauteuil, la tête soutenue par des coussins. Après un court entretien, elle se souleva ; alors seulement on vit sa difformité dans toute son étendue : sa tête fut portée aussitôt avec force et rapidité vers le côté droit, et tirée sur l'épaule gauche, en sorte que le menton se trouva au-dessus de l'épaule droite, et l'oreille gauche rapprochée du sternum ; en même temps, la moitié gauche de la figure se contracta, et l'œil gauche fut poussé hors de l'orbite, en sorte que toute la figure exprimait une terreur farouche. Après quelques secondes, le spasme cessa ; la tête se redressa, mais cette intermittence fut à peine plus longue que le spasme qui l'avait précédée. Le sterno-cleïdo-mastoïdien était évidemment le siège principal de ce spasme. Le muscle se raccourcissait presque de moitié de sa longueur, formait une forte saillie au cou, et était dur comme du bois. En faisant de simples frictions avec le doigt sur le muscle au commencement d'un accès, celui-ci devenait plus fort, chaque affection morale l'excitait, et ce qui était surtout horrible à voir, c'étaient les mouvemens de la tête quand la malade riait. Le symptôme le plus insupportable pendant l'accès, c'était une douleur extrêmement vive qui commençait derrière l'oreille, et s'étendait sur la partie supérieure de la nuque et sur la partie inférieure de l'os occipital. Au commencement, la malade pouvait abréger les accès en serrant fortement la tête ; plus tard, elle fit des essais avec un ruban qu'elle plaça entre les dents du côté droit, et qu'elle fixa à la ceinture. A la fin, elle fit usage sans soulagement d'une cravate raide. Malgré cet état pénible, qui durait depuis dix-huit mois, toutes les fonctions s'exécutaient régulièrement.

_____

(1) *Gazette Médicale de Berlin*, n. 31, 32 et 33, 1837. Nous devons la connaissance et la traduction de cette observation à M. le docteur Ruef, de Strasbourg.

M. Stromeyer, après avoir passé en revue les différens moyens, tant internes qu'externes, employés avec peu de succès, ou au moins avec un résultat
douteux, se décida à l'opération à laquelle il a été surtout encouragé par la
belle observation de M. Amussat. (Gaz. Méd., p. 829, 1834.)

Le 26 avril, on fit donc la section de la portion sternale du muscle sterno-
mastoïdien de la manière suivante : la malade étant assise sur une chaise, et
tandis que le muscle était dans sa plus forte contraction, on plaça l'indicateur
gauche en crochet sur la partie du muscle située le plus près du sternum ;
un aide souleva un pli de la peau qui était parallèle avec le muscle, juste
au-dessus du doigt indicateur. On traversa ce pli avec un bistouri étroit,
tranchant sur sa convexité ; la peau fut relâchée, et on coupa le muscle d'avant en arrière.

L'hémorragie fut très minime ; les deux plaies faites par la piqûre avaient
un peu plus de quatre lignes, largeur égale à celle du bistouri. La résistance
des muscles contractés était forte, quoique le bistouri coupât très bien. Le
succès de l'opération fut remarquable ; immédiatement les mouvemens de la
tête devinrent libres et volontaires ; la malade paraissait être heureuse et sou-
·lagée ; on lui recommanda de porter pendant deux jours la tête à gauche pour
favoriser la cicatrisation des deux petites plaies, qui a eu lieu le deuxième
jour. Pendant la nuit et une partie de la journée, on plaça un simple appareil d'extension à la tête en portant la face vers l'épaule gauche, de sorte
qu'elle était complètement en profil dans la position dorsale. La portion claviculaire et les autres muscles du côté gauche du cou n'apposaient pas la
moindre résistance. Pour ralentir la réunion trop rapide des deux bouts du
muscle,. on fit faire dans le voisinage des frictions d'onguent mercuriel ; plus
tard, d'hydriodate de potasse. Cette amélioration si marquée après l'opération
ne dura pas plus de quinze jours ; alors la portion claviculaire fut prise de
spasmes accompagnés des mêmes symptômes indiqués ci-dessus, seulement à
un plus faible degré.

Le 26 mai, on entreprit la section de la portion claviculaire. On souleva le
muscle avec le doigt comme dans les précédentes opérations ; mais cette fois,
on se servit d'un bistouri concave passé sous le muscle, et l'on incisa d'arrière
en avant. Même résultat favorable et même traitement consécutif. La malade, qui se portait très bien, passa quelques semaines à la campagne pour
prendre les eaux de Driburg, et revint au commencement de septembre. Les
mouvemens spasmodiques avaient reparu depuis quelques semaines ; mais cette
fois la tête était tirée vers l'épaule gauche sans que la face se tournât du côté
opposé. Après un examen attentif, on vit qu'ils étaient produits par la portion
du trapèze qui s'attache à la clavicule. Comme ce muscle devenait tous les
jours plus saillant, il fut facile, le 14 septembre, de le soulever avec la main
gauche, et de le diviser sous la peau de dedans en dehors. Depuis ce moment,
la malade fut complètement guérie ; les mouvemens de son cou sont tout-à

fait volontaires. Elle peut tenir la tête parfaitement droite ; ordinairement elle est un peu penchée vers l'épaule gauche d'une manière insensible aux étrangers. Les mouvemens de la tête sont pourtant plus libres et plus rapides à droite qu'à gauche, ce qui tient plutôt à l'inervation qui est plus forte d'un côté que de l'autre, qu'à toute autre circonstance. Son aspect est calme et doux ; elle fréquente le monde et le spectacle. Le muscle sterno-cleïdo-mastoïdien divisé prend part aux mouvemens du cou sans produire de relief ; les petites cicatrices sont très insignifiantes. Malgré la perte douloureuse d'un frère, son état n'a pas empiré.

Dans cette seconde observation de M. Stromeyer, le procédé opératoire est le même que dans les deux précédentes. L'auteur, il est vrai, a été conduit à faire la section successive des trois muscles par le développement et la manifestation graduels de l'affection spasmodique dans les trois muscles. Mais il a fait, comme dans les cas précédens, deux ouvertures à la peau pour chaque section de tendon.

Suivant l'opinion de Ch. Bell, l'opération chirurgicale , dans ce dernier cas, n'eût pas été indiquée. Le succès a légitimé la tentative. Déjà M. Amussat avait obtenu un résultat heureux dans un cas analogue. Ces succès ne doivent pas étonner : ils ne tiennent point, selon nous, à la division des fibres musculaires, mais uniquement à la section des filets nerveux, qui sont le siége de l'affection. S'il était possible d'atteindre ces filets sans couper les muscles, le résultat serait probablement le même : je parle pour les cas de torticolis récent et spasmodique.

Rappelons en outre que l'affection qui s'était bornée en premier lieu au sterno-mastoïdien (portion sternale) ne s'est reproduite que plus tard, et successivement dans le cleïdo-mastoïdien et le trapèze : cette circonstance n'est-elle pas bien propre à confirmer l'opinion que j'ai émise sur la distinction anatomique et physiologique du sterno et du cleïdo-mastoïdien ? La même circonstance s'est reproduite tout récemment dans un cas observé et traité par M. Fleury, interne des hôpitaux. Dans ce cas, le spasme musculaire était exclusivement borné au sterno-mastoïdien (chef sternal), et la section de ce seul chef a suffi pour redresser la tête.

TORTICOLIS DATANT D'UNE ANNÉE, CHEZ UN ENFANT DE 6 ANS, PRODUIT PAR LA RÉTRACTION DU STERNO-MASTOÏDIEN; SECTION SOUS-CUTANÉE DU MUSCLE, PAR M. SYME, D'ÉDIMBOURG.

OBS. IV. — Matthieu Cullen, âgé de 6 ans, de Dunbar, reçu le 2 novembre 1832. Sa tête était fortement inclinée à gauche, et ne pouvait être redressée, à cause de la contraction prononcée du sterno-mastoïdien du même côté, dont le chef sternal ressemblait à une corde tendue. La maladie existait depuis plus d'un an, et avait résisté aux vésicatoires et aux autres moyens qu'on emploie en pareil cas. L'emploi de l'acupuncture n'ayant été suivi d'aucune amélioration, on jugea nécessaire de pratiquer la section de la partie contractée du muscle. A cet effet, on introduisit la lame d'un bistouri pointu un peu plus près de la trachée que du bord sternal, à environ un pouce au-dessus de la clavicule, et l'on pressa ensuite la lame contre les fibres contractées. On entendit un craquement subit qui donna une commotion au malade, et aussitôt toute contraction disparut. On retira la lame de l'instrument, et la petite plaie (the small puncture) qu'avait produite l'instrument en traversant la peau fut le seul indice de l'opération qui venait d'être faite ; il n'y eut ni douleur ni aucun autre accident, et la guérison put être regardée comme complète (1).

Le peu de détails dans lequel est entré l'auteur de cette observation ne permet pas de décider si les deux muscles sterno et cleïdo-mastoïdiens ont été divisés, ou si la portion sternale seulement a été coupée ; car, dans l'observation, il est dit positivement que le torticolis était dû à la contraction prononcée du *muscle* sterno-mastoïdien, et qu'on jugea nécessaire de pratiquer la section de la partie contractée du muscle. De plus, il n'est pas du tout expliqué que l'auteur n'a fait qu'une seule piqûre à la peau : il n'y a aucun détail qui puisse établir ce fait, le mot ponction n'exclut pas les deux ouvertures à la peau ; car, dans l'observation de Dupuytren, M. Coster se sert de ce même mot, et il ajoute explicitement que la pointe du bistouri sortit du côté opposé, et fit ainsi deux ouvertures. L'observation de M. Syme ne prouve donc pas jusqu'ici que mon procédé eût été employé précédemment. Ajoutons que ce chirurgien plongea l'instrument du côté de la trachée et le dirigea de dedans en dehors, tandis que je le dirige de

---

(1) *The Edimburg medical and surgical Journal*, avril 1833.

dehors en dedans ; cette pratique n'est pas indifférente : ainsi que je l'ai dit, en procédant de dedans en dehors, on s'expose à blesser les gros vaisseaux, tandis que de dehors en dedans on n'a aucun risque à courir.

Telles sont les seules observations connues jusqu'ici de torticolis ancien traité avant moi par la section sous-cutanée des sterno et cleïdo-mastoïdiens. Quelles que soient les analogies qu'on puisse trouver dans ces cas et ceux qui me sont propres, ces analogies ne se rapporteraient qu'au mode opératoire. Toutes se réduiraient à établir, ce qui n'est pas démontré, qu'on aurait donné avant moi le coup de bistouri à peu près de la manière dont je l'ai donné. Mais pour les esprits qui voudront réfléchir au point de départ, à la succession des faits et des vues qui m'ont conduit à ce mode opératoire, on s'apercevra que, d'un côté, c'était une pratique isolée, empirique, sans motifs, sans indications et sans règles ; et, de l'autre, c'est la conclusion logique d'une série d'observations anatomiques, physiologiques et pathologiques. En effet, aucun des chirurgiens qui m'ont précédé n'avait insisté sur les principales circonstances de l'opération ; aucun n'avait aperçu le fait de la circonscription de la rétraction musculaire à l'un ou l'autre des deux muscles, et n'avait tiré la conséquence pratique de la section isolée de l'un ou l'autre de ces muscles. Il en est de même de la double inclinaison en sens inverse de la tête sur la colonne cervicale et de la colonne cervicale sur la région dorsale, avec très peu de courbure dans la continuité de cette région ; or la connaissance de ces phénomènes était indispensable pour se rendre compte de la rapidité de la guérison, de la curabilité du torticolis ancien à un âge très avancé, et surtout pour arriver à un traitement consécutif méthodique, c'est-à-dire à des guérisons véritablement complètes.

I. LETTRE SUR QUELQUES POINTS RELATIFS A L'HISTOIRE DU TRAITEMENT DU TORTICOLIS ANCIEN PAR LA SECTION SOUS-CUTANÉE DU STERNO-MASTOIDIEN ; ADRESSÉE A L'ACADÉMIE ROYALE DE MÉDECINE ; PAR LE DOCTEUR JULES GUÉRIN (1).

Paris, le 2 avril 1838.

J'ai l'honneur d'adresser à l'Académie l'histoire détaillée de deux cas de torticolis ancien guéris à l'aide d'une nouvelle méthode de traitement.

Le premier des deux sujets a été opéré le 2 décembre 1837 dans mon établissement, en présence de MM. Lisfranc, Macloughlin, Bruni, de Florence, Thompson, d'Édimbourg et autres médecins étrangers. Le second a été opéré le 16 janvier dernier, à l'hôpital de la Pitié, en présence de MM. les docteurs Lisfranc, Piorry, Sédillot, Pinel-Grandchamp, Simon, et de tous les élèves qui suivent la clinique de M. Lisfranc. Le traitement consécutif ou mécanique a été appliqué publiquement dans les salles de la Pitié où un grand nombre de médecins français et étrangers ont été admis à en constater les effets.

Permettez-moi, à cette occasion, M. le président, de soumettre quelques réflexions à l'Académie sur deux communications qui lui ont été adressées dans sa dernière séance, relatives aux mêmes sujets, l'une par M. Bouvier, l'autre par M. Fleury, interne des hôpitaux.

Dans sa lettre à l'Académie, M. Bouvier, après avoir rappelé les opérations pratiquées par MM. Roux et Magendie, suivant les procédés connus antérieurement, parle d'un troisième procédé qui consiste à faire la section sous-cutanée de la portion sternale du muscle sterno cleïdo-mastoïdien, quand cette portion est seule affectée, et il affirme avoir pratiqué cette opération en 1836. La révélation de ce fait resté ignoré jusque-là de tout le monde m'a d'autant plus frappé, qu'elle est en contradiction formelle avec d'autres circonstances bien connues : cette

____

(1) GAZETTE MÉDICALE du 14 avril.

contradiction et la grande analogie qu'il y a entre l'opération annoncée par M. Bouvier et la mienne, feront comprendre à l'Académie de quelle importance il est pour moi de la mettre à même de juger entre les assertions actuelles de M. Bouvier et les faits antérieurs authentiques que je présente à son examen.

Et d'abord il est avéré que M. Bouvier a eu connaissance des deux opérations que j'ai pratiquées le 2 décembre et le 16 janvier : de la première, par M. le docteur Bruni de Florence ; de la seconde, par plusieurs assistans et entre autres par M. le docteur Pinel-Grandchamp, qui lui a fait part de mes idées sur la circonscription de la cause essentielle de la difformité au chef sternal du sterno-cleïdo-mastoïdien. De plus, M. Bouvier, cherchant à combattre mes idées et mon mode de traitement, a déclaré à plusieurs reprises que cette méthode était vicieuse, et qu'elle ne produirait aucun résultat. L'opinion de M. Bouvier était tellement connue à cette époque, que M. Lisfranc crut devoir en faire mention dans une de ses leçons cliniques , pour en montrer le peu de fondement. Lorsque mon second malade fut guéri, M. Pinel-Grandchamp, l'un des médecins à qui M. Bouvier avait exposé ses vues critiques, insista beaucoup auprès de lui pour qu'il vînt à la clinique de la Pitié se convaincre, par les résultats de l'expérience, du peu de fondement de ses objections. M. Bouvier ne consentit pas à accompagner M. Pinel-Grandchamp; mais il alla seul s'assurer de la guérison de mon malade. Dès lors son opinion paraît avoir changé, ainsi qu'on l'a vu par sa lettre à l'Académie.

Il est encore avéré que M. Bouvier ne professait pas en 1836, et n'appliquait pas les préceptes qu'il professe aujoprd'hui. En effet, M. Roux pratiqua de concert avec M. Bouvier à l'Hôtel-Dieu, le 25 novembre 1836, la section transversale des deux muscles sterno et cleïdo-mastoïdiens avec la peau, sans que M. Bouvier communiquât rien de ses idées futures ou passées à M. Roux, ni à personne. Quelque temps après l'opération du 25 novembre à l'Hôtel-Dieu, MM. Roux et Bouvier furent consultés pour une jeune fille de 20 ans, atteinte de torticolis ancien. M. Bouvier fut chargé d'opérer la malade. Dans l'intention d'épargner une cicatrice trop apparente à cette jeune personne, il essaya de couper les deux muscles sterno et cleïdo-mastoïdiens avec la peau *tout près de leurs attaches mastoïdiennes.* Cette opération causa une douleur si vive qu'elle ne put être achevée. M. Roux fut appelé quelques jours après pour la terminer; mais la malade avait conservé tant de frayeur de la tentative de M. Bouvier qu'elle ne consentit pas à se laisser opérer par M. Roux. Postérieurement encore, une jeune fille de Nismes, atteinte de torticolis ancien, fut amenée à ma consultation au mois de juin dernier; on la présenta aussi à MM. Marjolin, Roux et Bouvier. Sur les conseils de MM. Marjolin et Bouvier, l'opération fut confiée à M. Roux. Cette fois un procédé différent fut mis en usage; une incision longitudinale à la peau mit les deux muscles à découvert; ils furent soulevés et attirés au-dehors par une sonde cannelée et coupée en travers. Je me suis assuré tout récemment de l'exactitude de ces détails auprès de M. Roux, qui m'a dit n'avoir pas fait d'autres sections des sterno et cleïdo-mastoïdiens que celles indiquées dans cette lettre, et ne pas connaître d'autres cas opérés par M. Bouvier.

Enfin, M. Magendie a pratiqué il y a quelques mois, de concert avec M. Bouvier, à l'Hôtel-Dieu, la section de la peau et d'une portion du corps des muscles sterno et cleïdo-mastoïdiens pour un cas de torticolis ancien.

Ainsi, voilà depuis le 25 novembre 1836 quatre cas de section des deux muscles sterno et cleïdo-mastoïdiens pour le torticolis ancien, dont aucun n'a été traité d'après les idées et les procédés que j'ai indiqués, et dont un cependant a été opéré par M. Bouvier seul, et les trois autres avec son assistance. Que deviennent en présence de ces faits les assertions de M. Bouvier?

En ce qui concerne la communication de M. Fleury, elle établit que ce jeune chirurgien a fait avec succès, le 11 mars dernier, l'application de mon procédé et de mes idées, à un cas de contracture datant de deux mois, du seul chef sternal du sterno-cleïdo-mastoïdien; l'observation et l'opération de M. Fleury, postérieures aux miennes de plusieurs mois, offrent une heureuse confirmation de mes principes et de ma pratique.

Encore un mot et je termine.

Depuis mes deux opérations, on m'a fait part d'un cas de section sous-

cutanée des muscles sterno et cleïdo-mastoïdiens et de la portion claviculaire du trapèze pratiquée antérieurement à Hanovre par M. Stromeyer. Ce fait, qui n'avait pas encore été publié en France, a été porté
à ma connaissance par M. Ruef, de Strasbourg, le 25 février dernier,
c'est-à-dire plusieurs mois après mes deux opérations. J'ajouterai que
le cas dont il s'agit consistait dans une affection spasmodique et intermittente des muscles que M. Stromeyer a coupés, et que d'ailleurs il a fait
deux ouvertures opposées à la peau de trois à quatre lignes chacune : or,
mes opérations ont eu lieu chez des individus atteints de torticolis permanent depuis leur enfance : l'un depuis dix-sept ans ; l'autre depuis
vingt-deux ans : et, en outre, je n'ai fait que la section du sterno-mastoïdien seul, et à l'aide d'une simple ponction à la peau.

Agréez, etc.

POST-SCRIPTUM DU 11 AVRIL 1838.

Depuis que cette lettre a été adressée à l'Académie de médecine,
M. Bouvier en a écrit une seconde à l'Académie des sciences, et il a publié dans le journal L'EXPÉRIENCE (1) celle qu'il avait adressée à l'Académie de médecine, avec quelques additions. Je ferai remarquer avant
d'aller plus loin que cette habitude, dès longtemps contractée par
M. Bouvier, de remanier ou de publier avec de nouveaux matériaux et
de nouvelles idées les communications qu'il a adressées aux corps savans,
n'a peut-être pas tous les caractères d'une loyauté scientifique parfaite,
surtout lorsqu'on change une première composition après la publication,
dans l'intervalle, du travail d'un autre auteur sur le même sujet. Cette
réflexion, dont M. Bouvier comprendra les applications présentes et passées, n'est pas indifférente dans la question : car le public, qui n'a pas l'habitude d'approfondir les discussions de priorité, a intérêt à connaître le
mécanisme à l'aide duquel quelques personnes trouvent moyen aujour-

---

(1) Voir l'EXPÉRIENCE du 10 avril. J'ai adressé une réponse à ce journal.

d'hui de résoudre ces questions à leur profit. J'aborde donc, en faisant mes réserves, les nouvelles prétentions énoncées dans les dernières lettres de M. Bouvier.

Dans sa lettre à l'Académie des sciences , M. Bouvier répète qu'il a opéré le premier la section sous-cutanée du faisceau sternal du sterno-cleïdo-mastoïdien pour un cas de torticolis ancien. On aurait pu espérer que parlant à un corps savant qui ne se contente pas d'assertions gratuites, M. Bouvier aurait cité avec quelque précision les circonstances de l'opération qu'il affirme avoir pratiquée le 15 septembre 1836. Au lieu de cela, il renvoie pour les preuves de fait à sa lettre du 26 mars à l'Académie de médecine et à une communication qu'il avait faite à cette Académie au mois d'août 1836. Il me reste donc à examiner le contenu et la valeur de ces deux pièces :

1° *Communication de M. Bouvier à l'Académie, en août* 1836.

Dans cette communication, M. Bouvier a présenté un sterno-cleïdo-mastoïdien, provenant d'une jeune fille âgée de 22 ans, atteinte de torticolis depuis l'enfance. Les réflexions que lui a suggérées cette pièce ont été rédigées et communiquées par lui à la GAZETTE MÉDICALE et à la GAZETTE DES HÔPITAUX (GAZ. MÉD., 20 août 1836). Or quelles conclusions M. Bouvier avait-il tirées de l'examen de sa pièce? Je vais citer textuellement.

« 1° Que la contraction ancienne n'est pas due, comme on serait tenté de le croire, à un surcroît d'énergie et à un état de contraction prédominante dans certains muscles, et qu'elle dépend bien plutôt de l'atrophie et du raccourcissement de ces organes, qui résistent comme des cordes, en vertu de leur simple cohésion ; 2° que contrairement à l'opinion de Sharp, adoptée par Boyer, dans son *Traité des Maladies chirurgicales*, il n'y a point, dans le torticolis ancien, déformation des vertèbres qui fasse persister la difformité après la section du sterno-mastoïdien ; 3° que conséquemment on peut tenter avec succès, même chez les adultes, de remédier à cette affection, en rendant au muscle sa longueur naturelle, soit au moyen des appareils mécaniques, soit par la section totale ou partielle de ses fibres, comme l'a *pratiqué dernièrement M. Amussat* sur un malade qui a été mis sous les yeux de l'Académie. » (GAZ. MÉD., 1836, p. 543.)

Rien dans ces conclusions n'indique que M. Bouvier eût découvert, ou dût découvrir plus tard 1° que la cause essentielle du torticolis a le plus généralement limité son action au seul chef sternal du sterno-cleïdo-mastoïdien, sterno-mastoïdien proprement dit; 2° qu'on dût se borner dans ce cas à faire la section du seul chef sternal pour obtenir le redressement de la tête; 3° que cette opération dût se faire par une simple ponction à la peau; 4° qu'il existe dans tout torticolis ancien une inclinaison de la région cervicale sur la région dorsale, opposée à l'inclinaison de la tête; 5° que ce fait deviendrait une indication capitale à un traitement consécutif approprié.

En équivoquant sur les mots, M. Bouvier pourrait trouver dans l'expression de la section *totale ou partielle de ses fibres,* l'indication de mon principe de la section isolée du sterno-mastoïdien (chef sternal). Mais M. Bouvier a heureusement complété, par le rappel de l'opération de M. Amussat, le sens qu'il attachait aux mots section *partielle* des fibres du muscle. En effet, M. Amussat, dans l'opération qu'il a communiquée à l'Académie, n'avait pas coupé toutes les fibres des deux muscles, il les avait divisées couche par couche d'avant en arrière, sans distinction des deux chefs : il s'agissait donc dans cette opération, que M. Bouvier cite comme exemple à l'appui de son précepte, de la section partielle des fibres considérées dans leurs différens plans antéro-postérieurs, et non du muscle considéré dans ses faisceaux sterno et cleïdo-mastoïdiens.

Tel est le sens de la première publication de M. Bouvier, et tel est le seul titre imprimé qu'il puisse invoquer à l'appui de ses assertions actuelles.

2° *Lettre de M. Bouvier aux Académies et au journal* l'EXPÉRIENCE.

Je ferai remarquer d'abord que tout ce que M. Bouvier revendique depuis sa note imprimée du mois d'août 1836 n'est basé que sur des assertions gratuites, sur l'opération qu'il dit avoir faite en septembre 1836, et dont il n'existe de trace nulle part (1) ; et, finalement, sur les

---

(1) La lettre imprimée de M. Bouvier contient un renseignement précieux

lettres qu'il a adressées à l'Académie de médecine, le 26 mars dernier, à l'Académie des sciences, le 8 avril, et sur une dernière lettre insérée dans le journal l'EXPÉRIENCE, du 10 avril; or, toutes ces pièces sont postérieures de plusieurs mois à mon opération et à ma conférence publique de la Pitié (opération et conférence dont il lui a été rendu compte par M. Pinel-Grandchamp), et postérieures, du moins les deux dernières, à la publication de mon mémoire, présenté à l'Académie des sciences le 9 avril, et inséré dans le dernier numéro de la GAZETTE MÉDICALE. Je ne m'occuperai donc pas de combattre sérieusement les prétentions toutes récentes de M. Bouvier : je laisse à la commission nommée par l'Académie des sciences le soin de les apprécier. Seulement, pour éclairer a religion de cette commission, et justifier ce que j'ai dit au commencement de ce post-scriptum, je demanderai à M. Bouvier si la lettre qu'il a fait imprimer dans l'EXPÉRIENCE du 10 avril, comme étant celle adressée à l'Académie de médecine, le 16 mars, ne contient pas l'énoncé d'un fait nouveau qui m'est propre, et qu'il n'avait pas indiqué dans sa lettre manuscrite à l'Académie, savoir : *l'inclinaison inverse de la partie inférieure du cou sur la région dorsale.*

M. Bouvier n'attachera sans doute pas la même importance que moi à cette addition, qu'il considérera, à son point de vue, comme un changement de rédaction ; mais comme ce changement porte sur un fait et non sur l'arrangement des mots, tout le monde ne sera peut-être pas de l'avis de M. Bouvier. On pourra bien y voir la clé des modifications, des transformations et des développemens par lesquels ont passé ses idées pour arriver à se confondre avec les miennes.

JULES GUÉRIN.

---

sur l'opération qu'il dit avoir pratiquée en 1836. Il avoue que cette opération a échoué : on comprendra maintenant pourquoi M. Bouvier n'a cru pouvoir tirer aucun parti de cette fâcheuse tentative ; pourquoi, dans ses opérations postérieures de torticolis, il n'a pas eu envie de la répéter ; pourquoi, enfin, il ne voulait pas croire à la possibilité du succès que j'ai obtenu.

. RÉCLAMATION DE M. BOUVIER CONTRE LES ARTICLES DE
M. JULES GUÉRIN , RELATIVE AU TRAITEMENT DU TORTICO-
LIS ANCIEN (1).

Nous avions espéré pouvoir épargner à nos lecteurs une nouvelle discussion sur un sujet et sur des questions qui n'offraient plus d'intérêt
que pour nous seuls, et nous avions prié M. Bouvier de se contenter
des satisfactions qu'il s'était données et fait donner dans d'autres journaux
de médecine. Il n'a pas cru apparemment sa justification assez complète
et ses prétentions assez bien établies : en cela il a eu parfaitement raison ;
mais si, après son dernier plaidoyer et les réflexions que nous croyons
devoir y joindre, il est moins satisfait qu'avant de commencer, nous le
prierons de remarquer que ce n'est pas notre faute, et lui promettrons
bien, ainsi qu'à nos lecteurs, de ne pas pousser la discussion plus loin.
Voici donc la réclamation de M. Bouvier :

RÉCLAMATION DE M. BOUVIER CONTRE LES ALLÉGATIONS DE M. J.
GUÉRIN, CONTENUES DANS LA GAZETTE MÉDICALE DES 7, 14, 28
AVRIL ET 5 MAI.

1° LETTRE DE M. JULES GUÉRIN DU 2 AVRIL. (GAZ. MÉD. du 14 avril.)
Il n'y a point de *contradiction*, comme l'a prétendu M. Jules Guérin, entre
ma lettre sur le torticolis ancien, *adressée à l'Académie de médecine huit
jours avant son mémoire*, et les faits antérieurs qui me concernent (voir le
journal L'EXPÉRIENCE des 10 et 25 avril).

Je n'ai *déclaré*, à qui que ce soit, que la *méthode* que M. Guérin s'attribue
fût *vicieuse* pour tous les cas ; je n'ai autorisé personne à me faire dire publiquement *qu'elle ne produirait aucun résultat*, car personne ne m'a mis à
même d'apprécier les circonstances de la difformité chez les deux malades de
M. Guérin.

Je n'ai point *changé d'opinion* après avoir vu son malade de la Pitié. Il est
faux que je n'aie point *consenti* à accompagner M. Pinel-Grandchamp dans
cet hôpital.

Je professais et j'appliquais, avant les recherches de M. Guérin, *les préceptes que je professe aujourd'hui*.

---

(1) GAZETTE MÉDICALE du 26 mai 1857.

J'ai pratiqué, le 15 septembre 1836, la section sous-cutanée de la portion sternale du sterno-cleïdo-mastoïdien sur une jeune fille de 19 à 20 ans, la demoiselle Leroi, demeurant alors rue Neuve-Saint-Eustache, n. 39. M. Marjolin était au nombre des personnes présentes. Je suivis le procédé qui m'est propre pour la section du tendon d'Achille ; après avoir piqué les tégumens avec une lancette au côté externe du muscle, près de son attache au sternum, je conduisis au-devant de lui un bistouri très étroit, à pointe mousse, avec lequel je le divisai d'avant en arrière. Deux appareils furent ensuite appliqués, l'un pour la station, l'autre pour la position horisontale. La résistance du *cleïdo-mastoïdien* d'Albinus rendit cette opération inutile. Je tentai plus tard la section transversale de l'extrémité supérieure du muscle, proposée par M. Malgaigne ; l'indocilité de la malade, après l'incision des tégumens, me fit renoncer à terminer l'opération.

M. Roux ne pratiqua la section sous-cutanée, ni sur la malade qu'il opéra à l'Hôtel-Dieu, le 28 novembre 1836, ni sur Mlle B., de Nîmes, opérée le 2 juillet 1837, parce que les deux faisceaux étant contractés au même degré dans ces deux cas, comme chez la demoiselle Leroi, la section complète parut nécessaire, et qu'elle semblait peu sûre sans l'incision préalable des tégumens.

Dans la quatrième opération, pratiquée le 19 août par M. Magendie, bien que le faisceau sternal fût seul tendu, on préféra encore à la section sous-cutanée l'incision des tégumens, parce que la difformité était extrême et qu'il importait beaucoup d'atteindre aisément toutes les fibres rétractées, même celle de la portion claviculaire, si elle se tendait après la section du faisceau sternal.

Mes assertions actuelles sont parfaitement d'accord avec ces faits.

Chez un cinquième sujet, la fille de M. C., de Dunkerque, que je vis *Cité Bergère*, avec M. le professeur Marjolin, au mois d'août 1837, le *faisceau sternal était seul tendu;* je proposai la section sous-cutanée, malgré mon premier échec, que me rappelait M. Marjolin, me fondant sur ce que les cas n'étaient pas semblables.

M. Dieffenbach a bien réellement dit avoir pratiqué nombre de fois la *section sous-cutanée du chef sternal du sterno cleïdo-mastoïdien pour le torticolis ancien.* J'épargne à M. Jules Guérin, qui a *affirmé* le contraire, la citation qui le prouve et qu'il connaît très bien maintenant. Je *prétends* très positivement avoir reçu de M. Dieffenbach la communication dont j'ai parlé dans ma lettre ; je renvoie pour les détails de cette communication à l'EXPÉRIENCE du 20 avril, p. 542.

2° POST-SCRIPTUM DE M. GUÉRIN (GAZ. MÉD. du 14 avril).

Je crains peu les *réserves* de M. Guérin au sujet de mes *habitudes* scientifiques ; je lui rappelle qu'en fait de *loyauté* il est des titres de vieille date qu'un trait de plume ne saurait effacer, et qu'à cet égard je pourrais me prévaloir d'une durée de possession qui lui reste encore à acquérir.

J'ai dit, dans ma lettre à l'Académie des sciences, avoir communiqué à l'Académie de médecine, le 16 août 1836, le fait qui me conduisit à tenter, le 15 septembre, la section isolée du faisceau sterno-mastoïdien. En effet, j'avais observé, sur le cadavre, avec M. Maisonneuve, un redressement presque complet, après la division *du seul faisceau sternal*, et la GAZETTE DES HÔPITAUX, du 18 août 1836, a fait mention de cette circonstance, omise dans la GAZETTE MÉDICALE. Tel est, *sous ce rapport*, le vrai sens de ma première publication.

L'opération et la conférence de M. Guérin à la Pitié sont postérieures aux faits sur lesquels je fonde mes principes ; postérieures aussi à mes conférences de l'Hôtel-Dieu, notamment à celle qui eut pour occasion la présence de M. Dieffenbach dans cet hôpital, le 5 octobre 1837. Ma lettre à l'Académie de médecine est, je l'ai dit, antérieure à la présentation du mémoire de M. Guérin aux corps savans. Mes *prétentions* n'ont donc rien de *récent*, par rapport aux siennes.

Ce que j'ai dit dans ma lettre imprimée, et non dans ma lettre manuscrite, *de l'inclinaison inverse de la partie inférieure du cou*, ne justifie point les accusations et les suppositions de M. Guérin. Ce fait n'est point *nouveau* et ne lui est point *propre* ; car cette *inclinaison* n'est autre chose que la partie supérieure d'une courbure cervico-dorsale, déjà signalée dans le torticolis. Je n'ai pas prétendu me l'approprier ; j'ai pris date après la publication du mémoire de M. Guérin, pour les considérations *nouvelles* que j'avais à présenter sur ce fait dans le travail annoncé dans ma lettre ; voilà tout. J'ai ajouté l'avoir rencontré et noté chez mes malades, et sur ce point j'en appelle au souvenir de MM. Roux et Magendie, qui l'ont vu comme moi.

3° MÉMOIRE DE M. JULES GUÉRIN (GAZ. MÉD. du 7 avril, p. 215).

On ne peut attribuer à la construction de mon appareil la souffrance qu'il a causée le jour même de l'opération pratiquée à l'Hôtel-Dieu par M. Roux. M. Guérin lui-même n'applique le sien que le troisième jour, et c'est indépendamment de la volonté de M. Roux et de la mienne que le malade a gardé l'appareil les premières vingt-quatre heures.

Le malade opéré par M. Magendie, et chez lequel, suivant M. Guérin, il n'y aurait eu aucun traitement mécanique, a très bien supporté ce même appareil, qu'on remplaçait par une minerve pendant la station ; on peut s'en assurer auprès du malade lui-même. Le muscle n'est pas moins allongé que chez le sujet traité à la Pitié, et toute la différence du résultat, beaucoup meilleur que ne l'a prétendu M. Guérin, est causée par l'exagération qu'offrait la courbure cervico-dorsale.

Le traitement mécanique que j'ai employé sur mademoiselle B..., et dont M. Roux avait dit un mot dans une communication à l'Académie, aurait pu engager M. Guérin à suspendre au moins le reproche qu'il m'adresse, de n'avoir point, *en ma qualité d'orthopédiste, complété le traitement chirurgical.* Mais il lui fallait établir une *lacune,* et prouver qu'il l'avait remplie par les *indications nouvelles;* nous verrons plus tard comment.

4° Réflexions de M. J. Guérin. (V. le feuilleton de la Gaz. Méd. du 5 mai.)

M. Guérin n'est en droit d'accuser personne d'avoir été *choqué* de ses idées ; lui seul s'est *choqué* de ne pas avoir été l'unique auteur de ses *découvertes.*

Il est faux que des *rivaux* aient *d'abord réclamé pour eux, puis pour les autres.* M. Guérin seul a réclamé *pour lui.* Dès l'abord, des *rivaux* dont il veut parler ont rendu justice à qui de droit, suivant les renseignemens qu'ils possédaient. Encore une fois, s'il y a une *guerre* en cette affaire, à M. Guérin revient tout l'honneur de l'avoir provoquée. Il s'est chargé d'expliquer lui-même, en montrant le public *disposé à croire les gens qui parlent contre les gens qui se taisent,* pour quel motif nous avons dû prendre la plume.

La réclamation de M. Bouvier porte sur quatre points principaux, que nous allons examiner successivement.

Premier point. J'ai dit que M. Bouvier ne *professait* pas et *n'appliquait* pas les idées qu'il a récemment émises dans sa lettre à l'Académie de médecine sur le traitement du torticolis ancien, avant que M. Pinel-Grandchamp lui eût fait part de ses idées, qui sont les miennes, et avant qu'il eût été s'assurer de leur justesse par la guérison de mon malade à l'hôpital de la Pitié. En preuve de cette double assertion, j'ai rapporté les propres paroles de M. Bouvier, qui s'était livré à une critique absolue très explicite de mes principes et de ma méthode, en présence de plusieurs médecins, et j'ai cité les opérations qu'il avait pratiquées ou concouru à pratiquer depuis deux années. M. Bouvier se contente de nier la première partie de mon assertion. Il n'a déclaré, dit-il, à qui que ce soit, que ma méthode fût *vicieuse,* et il n'a *autorisé* personne à lui faire dire qu'elle ne produirait *aucun résultat :* j'avais cité M. Pinel-Grandchamp, qui, sans l'autorisation de M. Bouvier, et seulement par

63

amour pour la vérité, m'avait permis de me servir de son témoignage.
Or, j'ai prié M. Pinel-Grandchamp de vouloir bien reproduire explicitement ce qu'il pensait des dénégations de M. Bouvier. Voici la réponse
de cet honorable confrère :

Paris, 16 mai 1858.

Monsieur et cher confrère,

Je viens de relire attentivement la lettre que vous avez publiée dans la GA-
ZETTE MÉDICALE du 14 avril dernier, au sujet de l'opinion que M. Bouvier
m'avait exprimée sur votre méthode de traitement du torticolis et de l'application que vous en aviez faite sur un malade de l'hôpital de la Pitié. Je déclare votre version *très exacte et conforme* à ce que m'avait dit notre confrère M. Bouvier. Je reconnais, d'ailleurs, que vous m'aviez communiqué
l'épreuve de votre lettre (avant de la publier), afin de m'assurer qu'elle ne
contenait rien de plus que ce que je vous avais dit.

Agréez, etc.   *Signé* PINEL-GRANDCHAMP.

Voilà pour les principes que M. Bouvier professait avant sa lettre à
l'Académie.

J'ai cité quatre opérations de torticolis qu'il avait faites seul ou con-
jointement avec MM. Roux et Magendie, et qui toutes sont contraires
aux principes qu'il professe aujourd'hui. A cela, M. Bouvier répond par
un cinquième cas dans lequel il aurait pratiqué la section sous-cutanée
du tendon sternal, mais où il aurait ÉCHOUÉ, *à cause de la résistance du
cleïdo-mastoïdien.* De plus, il cite M. Maisonneuve comme ayant été témoin, un mois auparavant, d'une première tentative d'une signification
analogue, faite sur un cadavre. En admettant la première de ces deux
assertions comme exacte, ce que je suis loin de reconnaître pour des
raisons qu'il est inutile de donner, je ne puis y voir qu'un argument tout-
à-fait contraire aux prétentions actuelles de M. Bouvier, et propre à for-
tifier ma manière de voir. Qu'a fait, en effet, M. Bouvier dans l'opération qu'il cite ? Il a essayé de guérir un torticolis dans lequel les sterno
et cleïdo-mastoïdiens étaient *simultanément* affectés, et cela par la section sous-cutanée *du seul sterno-mastoïdien.* A cette époque, M. Bouvier ne savait donc pas qu'il y eût des cas où le torticolis est causé par

la rétraction du *seul* chef sternal, et des cas où les *deux chefs* sont primitivement affectés; ou bien il ne savait pas distinguer ces cas les uns des
autres; ou bien, enfin, il s'est mis en contradiction avec lui-même; trois
choses entre lesquelles M. Bouvier sera libre de choisir. On remarquera
d'ailleurs que M. Bouvier pose aujourd'hui en principe que le procédé
de la section sous-cutanée n'est applicable qu'aux cas où le seul chef
sternal du sterno-cleïdo-mastoidien est affecté (ce que je conteste), et
c'est précisément dans le cas contraire qu'il a opéré. M. Bouvier ne possédait donc pas à cette époque l'indication qu'il donne aujourd'hui avec
tant d'assurance, quoiqu'il n'ait, depuis son échec, aucune expérience
personnelle à alléguer. Je dirai plus, c'est que dans le dernier cas opéré
par M. Magendie, avec le concours de M. Bouvier, bien que, suivant lui,
le *faisceau sternal fût* SEUL tendu, la section a été faite d'après les anciens procédés, c'est-à-dire après section préalable de la peau. A cette
époque, pourtant assez récente, M. Bouvier n'était donc pas encore bien
sûr de l'indication qu'il pose si fermement aujourd'hui. Ainsi, la seule
opération qu'il invoque comme un titre de priorité serait un échec, un
contresens, qu'il aurait tenu caché à tout le monde, et qu'il n'aurait pas
cherché à renouveler dans un cas, de son aveu même, favorable à cette
application (le cas de M. Magendie). Je pourrais me borner à ces remarques; mais je ne puis pas même laisser à M. Bouvier la petite satis-
faction d'avoir posé une indication vraie, en opposition avec celles que
j'ai données pour l'emploi de la section sous-cutanée des muscles sterno
et cleïdo-mastoïdiens. M. Bouvier affirme, et cela sans le secours d'aucune expérience, que la section sous-cutanée n'est applicable qu'au *cas
où le seul muscle sterno-mastoidien* (chef-sternal) est affecté. A cette
affirmation *théorique*, j'ai deux *faits* très positifs à lui opposer. Parmi
les cas nombreux de torticolis qui se sont présentés à mon observation
depuis la publication de mon mémoire, j'en ai opéré deux qui offraient
une rétraction *simultanée* des deux muscles sterno et cleïdo-mastoïdiens, et dans ces deux cas j'ai employé avec un succès complet la
section sous-cutanée des deux muscles isolément. La première opération a été faite sur une jeune fille de 13 ans, en présence de

MM. Devergie aîné, Barthélemy, de l'hôpital du Gros-Caillou, et Warren de Boston ; la seconde a été pratiquée sur une personne de 38 ans, en présence de M. Mérat, membre de l'Académie de médecine. Pour rendre mon opposition sur ce point avec M. Bouvier aussi complète que possible, je lui porte le défi de signaler un *seul cas*, quel qu'il soit, de torticolis ancien, causé par la rétraction d'un seul ou des deux muscles sterno et cleïdo-mastoïdiens, dans lequel mes procédés de section sous-cutanée de ces muscles ne puissent en opérer la division de la manière la plus complète. Cette déclaration, si elle est fondée, me donne au moins un avantage incontesté sur M. Bouvier, puisqu'il n'admet l'application de mon procédé que comme très *exceptionnelle*, et que je la donne comme *absolue*. Voici, en deux mots, le fait qui m'a conduit à établir cette règle. Quand les muscles rétractés ne sont pas assez visibles ni assez saillans sous la peau, on peut aisément les faire saillir davantage et les détacher en quelque façon des parties sous-jacentes, par une *rotation* exagérée de la tête, du côté opposé à la rétraction, rotation qui a pour effet de porter les insertions mastoïdiennes des muscles rétractés dans un plan plus antérieur, et par conséquent de placer les deux muscles plus en relief. Ce fait n'est pas sans importance, puisqu'il permet de *généraliser* une opération que M. Bouvier et autres déclarent *très exceptionnelle*.

Quant à la valeur de l'expérience pratiquée sur le cadavre par M. Bouvier, en présence de M. Maisonneuve, elle ne peut en aucune façon avoir la signification qu'il lui prête. En effet, dans la note que M. Bouvier a rédigée et communiquée *lui-même* à la GAZETTE MÉDICALE sur ce point, en août 1836, il n'est nullement question du principe qu'il prétend en avoir tiré. Voici, pour compléter cette démonstration, une lettre de M. Maisonneuve que je livre à la méditation de M. Bouvier.

Paris, 16 mai 1838.

Monsieur et très honoré confrère,

Vous me demandez si lors de la dissection que M. le docteur Bouvier a faite en ma présence, au mois d'août 1836, d'un sterno-cleïdo-mastoïdien, sur un sujet affecté de torticolis ancien, il a exprimé l'opinion que l'on pût remédier à cette difformité en pratiquant la section du seul tendon sternal de ce muscle. Je dois à la vérité de déclarer que je n'ai pas le moindre souvenir d'avoir entendu exprimer aucune opinion de ce genre. J'ajouterai même que, lorsque, pour la première fois, après l'opération que vous avez pratiquée à la Pitié au mois de janvier dernier, vous m'avez fait part de cette idée, je n'ai pu m'empêcher de vous exprimer combien elle me paraissait neuve et intéressante.

Agréez, etc,   MAISONNEUVE.

SECOND POINT. J'ai dit que, suivant d'anciennes habitudes contractées par M. Bouvier, il avait trouvé convenable d'introduire dans sa lettre imprimée l'énoncé du fait nouveau de l'inclinaison inverse de la colonne cervicale sur la première dorsale, fait qui ne se trouvait pas dans l'édition manuscrite de sa lettre à l'Académie, mais qui se trouvait très au long dans mon mémoire publié dans l'intervalle des deux éditions de sa lettre. M. Bouvier ne nie pas le fait, mais il le justifie d'une étrange manière. J'avais observé cette inclinaison, dit-il, chez tous mes malades, et il cite les malades, leurs noms, leur adresse ; il cite M. Roux qui aurait vu ce fait avec lui ; puis il ajoute que ce fait n'est pas nouveau, que cette inclinaison qui me tient tant à cœur (comme il le dit si bien) n'est autre chose que la partie supérieure d'une courbure cervico-dorsale. Et d'abord ce fait d'inclinaison que je présente comme une inclinaison réelle, et non comme l'extrémité d'une courbure cervico-dorsale, du moins dans le torticolis qui n'est pas compliqué de déviation latérale, est ou n'est pas une inclinaison. Si ce n'est pas une inclinaison réelle aux yeux de M. Bouvier, il est inutile de discuter; mais alors pourquoi dire qu'on l'a observée chez tous les malades, et ne pas dire clairement que le fait n'existe pas, que c'est une erreur de vision? Est-ce que M. Bouvier ne saurait pas encore à quoi s'en tenir, et que pour être sûr d'avoir raison dans les deux hypothèses, de participer au bénéfice de l'observation dans les deux cas, il admettrait provisoirement les deux opinions ? Il faut cependant qu'il se décide. Ne sachant pas encore au juste ce qu'il pense et ce qu'il veut, je suppose qu'il reconnait le fait tel qu'il est et tel que je l'ai indiqué, savoir que dans le torticolis ancien il y a du côté opposé à l'inclinaison de la tête, sur la colonne cervicale, une inclinaison de totalité de la colonne cervicale sur la colonne dorsale, qui fait équilibre à la première et qui persiste après l'opération chirurgicale. Or en preuve que M. Bouvier aurait vu ce fait avant la publication de mon mémoire, il cite les malades qui le présentaient. Je suis très convaincu que les malades de M. Bouvier présentaient aussi bien que les miens le fait dont il s'agit, comme toutes les pommes tombaient avant que Newton les vît tomber et découvrît pourquoi elles tombaient ; mais entre l'existence d'un fait et la découverte de ce fait il y a tout un abîme, tout l'abîme qu'il y a entre la science d'aujourd'hui et la science de l'avenir le plus reculé. Est-ce bien sérieusement que M. Bouvier appelle M. Roux en témoignage comme ayant remarqué avec lui cette inclinaison inverse que je crois avoir signalée le premier? Voilà qui pourra éclairer sur la valeur de ce dernier témoignage. Il y a six semaines environ, à la veille d'adresser mon mémoire à l'Académie des sciences, j'ai eu l'honneur d'aller trouver M. Roux pour lui demander quelques renseignemens sur les deux malades qu'il avait opérés. Je lui ai exposé et présenté comme une chose nouvelle et qui m'était propre le fait de l'inclinaison consécutive persistant après la section des muscles : j'ai même crayonné la disposition de la colonne cervicale sous les yeux de cet habile chirurgien, qui ne m'a dit en aucune façon avoir observé rien de semblable.

Troisième point. J'ai dit que M. Bouvier n'avait point employé de traitement mécanique consécutif pour compléter le redressement de la tête et du cou. M. Bouvier rappelle les essais malheureux qu'il a faits, doublement malheureux, puisque, dans un cas, ils n'ont pu être supportés, et dans aucun ils n'ont produit de résultat. Qu'est-ce que cela fait à la chose que M. Bouvier ait ou non eu recours à des essais grossiers de traitement consécutif, dépourvus de principes et sans indications précises, s'il ne connaissait pas le fait capital de l'inclinaison qui motive ce traitement et s'il n'employait rien pour combattre cette inclinaison ? J'engage beaucoup M. Bouvier à présenter à la commission de l'Académie des sciences les malades au traitement desquels il a concouru. Il prouvera si je suis fondé à croire que ces malades conservent tout ou partie de l'inclinaison consécutive du cou.

68

QUATRIÈME POINT. M. Bouvier m'accuse d'avoir soulevé la discussion actuelle, d'avoir le premier réclamé pour moi ; il affirme, au contraire, avoir, dès l'abord, rendu justice à qui de droit. Ceci serait peu important ; mais comme il est à craindre que des discussions semblables ne se renouvellent, il est bon que je fasse remarquer comment elles viennent, pourquoi elles viennent, et par qui elles viennent. Dans le cas dont il s'agit, j'avais fait deux opérations nouvelles, j'avais exposé publiquement des idées nouvelles sur une difformité qui n'avait occupé jusqu'ici personne aux mêmes points de vue scientifique et pratique. Mes idées et mes expériences avaient été communiquées à M. Bouvier, qui pendant deux mois les avait combattues. Cependant il se décide à aller seul visiter mon malade à la Pitié; il l'examine de toutes les façons; et, juste au moment où il le trouve guéri, le voilà qui, oubliant ses critiques et son incrédulité de la veille, s'empresse d'adresser à l'Académie une lettre sur des opérations pratiquées, longtemps auparavant, par d'anciens procédés, lettre où il rappelle un échec datant de deux ans, dont il n'avait dit mot jusque-là, et à l'aide duquel il se fonde un prétendu titre de priorité, établit des règles, des indications, discute, résout la plupart des points que j'avais résolus par l'expérience, et il appelle cela rendre justice à qui de droit. Il y aurait vraiment de quoi soulever l'indignation du plus calme, si de pareils procédés ne devaient pas inspirer plus de pitié que de colère. Je vais citer un dernier fait, qui montrera que ce n'est pas avec des traits de plume que j'efface les loyautés de vieille date.

Parmi les recherches que j'ai présentées au concours de l'Académie des sciences pour le grand prix de chirurgie, la commission a bien voulu signaler à part, *et comme d'une très grande importance* (1), mes recherches *sur les difformités générales chez les monstres et les fœtus*, et le rapport a indiqué avec développement les principaux faits composant cette partie de mon travail. Eh bien ! au mépris de cette publication solennelle, mais livrée à l'indifférence d'une époque tournée vers d'autres questions, M. Bouvier s'empare du fait capital de mes recherches,

---

(1) Rapport sur le concours pour le grand prix de chirurgie, pag. 22.

de la rétraction musculaire liée aux affections convulsives de certains monstres, du fœtus et de l'enfance, rétraction musculaire qui donne la clé de la grande généralité des difformités articulaires congéniales, restées jusqu'ici dans la plus complète obscurité, M. Bouvier s'empare, dis-je, de cette découverte, et il vient, dans deux séances de l'Académie de médecine, étaler avec complaisance sous les yeux des membres qui l'admirent, des faits qui sont la répétition exacte de ceux que j'avais découverts ; et cela sans qu'il ait été plus question de mes travaux que si jamais ils n'eussent existé. Cependant M. Bouvier a de bonnes raisons pour les connaître ! Je signale ce fait à l'attention des honnêtes gens, et leur laisse à décider si c'est avec des traits de plume que j'efface les loyautés de vieille date.

Je me dispense de répondre aux autres points de la lettre de M. Bouvier, ma lettre à M. Dezeimeris y pourvoira.

IV. LETTRE A M. DEZEIMERIS, BIBLIOTHÉCAIRE DE LA FACULTÉ DE MÉDECINE DE PARIS, ET RÉDACTEUR EN CHEF DE L'EXPÉRIENCE (1).

Nous devons quelques explications à nos lecteurs pour l'intelligence de la lettre qui va suivre. Ils savent que nous avons publié un mémoire sur le traitement du torticolis ancien. Ainsi que nous le disions dans le dernier numéro, les idées que nous avons émises comme nouvelles sur ce point de chirurgie ont choqué quelques personnes. Les rivaux ont d'abord réclamé pour eux ; puis ils ont réclamé pour les autres. Puis sont venus les érudits de profession qui ont réclamé pour les Anglais, les Allemands et les morts, comme s'il eût été question de la découverte du Nouveau-Monde ou tout au moins d'une planète nouvelle. Cette petite guerre nous a singulièrement flatté et nous a fait beaucoup d'honneur ; mais il a fallu répondre : car le public, surtout le public occupé, est assez disposé à croire les gens qui parlent contre les gens qui se taisent. Après plusieurs escarmouches sans importance, nous avons été définitivement écrasé, au dire de certaines personnes, par le savant

____

(1) GAZETTE MÉDICALE du 5 mai 1838.

bibliothécaire de l'École-de-Médecine , sans contredit le plus grand bi-
bibliophile médical de l'époque. Nous avons essayé de lui répondre par
la lettre qu'on va lire.

Monsieur,

Malgré vos savans efforts pour lever tous mes doutes et résoudre toutes les difficultés que j'ai soulevées, j'ai conservé la plupart de mes opinions ; et, vous l'avouerai-je, j'ai puisé , dans la dissertation dont vous
avez honoré ma dernière lettre, de nouveaux argumens propres à forti-
fier mes convictions. La bienveillance avec laquelle vous avez accueilli
mes précédentes explications m'enhardit à vous soumettre mes derniers
scrupules.

Avant d'entrer en matière, permettez-moi, Monsieur , de vous faire
une remarque et de vous adresser une prière. Je connais le désavantage
auquel on s'expose en se livrant au dernier mot d'un journaliste ; il
peut , avec deux lignes d'un auteur, non plus le faire pendre, mais le
rendre infiniment absurde. Votre sagacité et votre bonne foi reconnues
vous feront dédaigner sans doute ces ressources des esprits faux, fai-
bles et chagrins. En conséquence, j'ose vous prier 1° de publier ma
lettre en entier et sans fautes d'impression ; 2° de ne pas en interrom-
pre la suite au moyen de notes propres à la rendre inintelligible, sinon
illisible ; 3° d'accepter la discussion sur les points qui me paraissent encore obscurs, et de vous en tenir rigoureusement à l'éclaircissement de
ces seuls points. Sans ces concessions de votre part, nous courrions le
risque de discuter toute l'année , ce qui, malgré la modération habituelle de vos lecteurs, pourrait finir par leur faire perdre patience.

Vous prétendez, Monsieur, 1° que l'allemand Ammon a fait connaître
exactement le procédé de Dupuytren pour la section du sterno-mastoïdien ; 2° que M. Coster est d'accord avec Ammon sur ce point, et que
l'un et l'autre ne font que s'éclairer mutuellement ; 3° que j'ai mal compris et mal rendu le texte et la pensée de M. Coster ; 4° que le procédé
que j'ai employé pour la section du sterno-mastoïdien est le même que
celui de Dupuytren ; 5° que dans le cas où Dupuytren n'aurait pas fait

l'opération que lui attribuent Ammon, Aperill et Froriep, ces chirurgiens n'en resteraient pas moins les véritables inventeurs de l'opération *que je viens d'inventer* ; 6° que Richter a donné avant moi le précepte de couper, dans la plupart des cas, la portion du muscle qui s'attache au sternum ; 7° que vous avez vu, dans le même Richter, l'indication de la nécessité presque constante de *compléter* la cure par l'emploi de machines ou de bandages *appropriés*; 8° enfin, que Syme m'a devancé dans la *seule* découverte qui *pût me rester* après Richter. Voilà, Monsieur, huit affirmations bien nettes, bien précises, extraites presque mot pour mot de vos notes : vous me pardonnerez d'en remettre un aussi grand nombre en discussion, quand je vous dirai que de ces huit propositions, il n'en est pas une qui ne m'ait paru très hasardée. Je crois pouvoir me flatter (pour me servir de vos expressions), avec le secours de mon traducteur et des textes que vous avez invoqués, et que vous avez mis généreusement à ma disposition , de vous donner cette conviction à vous-même : c'est vous dire que je compte beaucoup sur votre loyauté et votre bonne foi.

PREMIER POINT. Suivant Ammon, Dupuytren a fait une *seule* ponction à la peau, près du bord interne et de l'attache inférieure du sterno-mastoïdien ; il a *introduit* dans cette ouverture, derrière le muscle, un *bistouri boutonné* jusqu'au-delà du bord externe du faisceau cleïdo-mastoïdien ; puis il a fait la section du muscle d'arrière en avant, sans diviser la peau. Suivant moi, Dupuytren a pu faire une *seule ponction*, mais avec *deux* ouvertures à la peau, qu'il a traversée de part en part ; il ne s'est pas servi d'un bistouri boutonné, mais d'un seul bistouri droit, pointu, pendant toute l'opération. D'après cela, Ammon se serait trompé sur deux points : mon traducteur prétend qu'il s'est trompé sur beaucoup d'autres ; vous allez en juger. Et d'abord, en comparant la version d'*Ammon* avec celle d'*Aperill*, de *Froriep* et de M. *Coster*, on trouve une uniformité littérale dans le récit de ces trois derniers auteurs, et des différences notables avec ce que rapporte Ammon. Ainsi, les trois premiers s'accordent à dire que l'opération a été faite avec le même bistouri, avec un bistouri *droit* et *étroit*; que la lame de ce bistouri est *sortie au niveau* du bord externe du faisceau claviculaire. (*Bis sie genau an der Aussenseite des Clavicular-Randes herausdrang. Froriep's Notizen*, tom. v, 1823, p. 142.) Vous déciderez si le texte allemand a été bien traduit; quant au texte français de M. Coster, nous l'aborderons tout à l'heure. Seulement, pour ne pas laisser de doute sur ce qu'il fallait comprendre par le mot *sortir* (*herausdrang*), Froriep a eu soin d'ajouter que, au bout de treize jours, les *piqûres* (au pluriel) étaient guéries (*Nach Verlauf von 13 Tagen* WAREN DIE STICHWUNDEN *geheilt*). Lequel croire de Ammon ou de MM. Aperill, Froriep et Coster? Voici qui tirera probablement vos lecteurs d'embarras. « Comme l'opération a été pratiquée, dit Ammon, *dans le lit* de la malade, et comme *ce lit était entouré* en ce moment de jeunes médecins, il ne m'a pas été possible de voir l'opération. » Ainsi, l'auteur sur lequel vous fondez toutes vos espérances déclare naïvement n'avoir pas vu le chirurgien opérer. Voici maintenant qui donnera la mesure de son exactitude. Il n'a pu voir, dit-il, parce que l'opération a été pratiquée dans le lit de la malade, et parce que ce lit était entouré d'élèves : or, d'après MM. Froriep et Coster, la malade a été opérée sur une chaise, en face d'une croisée, et ensuite reportée dans son lit. Ceci, vous l'avouerez, Monsieur, ne fait pas honneur à la clairvoyance d'Ammon. Vous auriez pu le tirer de ce pas difficile, en alléguant, comme vous l'avez fait dans votre dernière réplique, que l'opération dont parle Ammon n'est peut-être pas la même que celles dont parlent Aperill, Froriep et M. Coster. Mais d'autres détails de l'observation, entièrement conformes de chaque côté, ne permettent pas de doute à cet égard.

SECOND POINT. — *MM. Coster et Ammon, au lieu de se contredire, ne font que s'éclairer mutuellement.* Oui, à la différence près d'un bistouri pointu à un bistouri boutonné, d'une ouverture de la peau à deux ouvertures, et d'un lit à une chaise.

TROISIÈME POINT. — *J'ai mal compris et mal rendu le texte de M. Coster.* Cette proposition a deux membres qu'il importe de distinguer : *comprendre* et *rendre*. J'avais compris que, quand M. Coster écrit : « On fit glisser la lame sous le muscle jusqu'à ce qu'elle *sortît* au

côté externe de son bord claviculaire, » cela voulait dire que l'extrémité de la lame avait dû traverser la peau pour sortir. Votre ingénieuse
dissertation sur le sens du verbe *sortir*, que vous rendez synonyme du
verbe *dépasser*, m'avait singulièrement ébranlé, je l'avoue. Mais M. Coster n'est pas mort. Je lui ai demandé à lui-même ce qu'il avait vu et
voulu exprimer par le mot *sortir*. Voici sa réponse : « Il ne me semblait pas qu'on pût entendre autre chose que ceci : La lame du bistouri
étant introduite à plat, du bord interne au bord externe de ce muscle et
au-dessous de lui, lorsque la pointe *est sortie* et a *traversé la peau au
côté opposé* à son introduction, on retourne le tranchant de l'instrument,
et l'on opère la section partielle de ce muscle, suivant l'exigence du
cas. » Je tiens l'original de la lettre de M. Coster à votre disposition,
Monsieur, et je serai heureux de payer, par cette communication, l'obli-
geance que vous avez mise à me communiquer vos textes. Voilà l'explication de M. Coster. Peut-être, après l'ingénieuse synonymie que vous
avez établie entre les mots *sortir* et *dépasser*, ne me serais-je pas complètement rendu au commentaire de M. Coster; mais M. Froriep, d'après
Aperill, n'a-t-il pas dit : les *piqûres*, au pluriel ? Or, lui aussi s'est servi
du mot *sortir*. Le second membre de votre reproche exige quelques
éclaircissemens. Suivant ma lettre imprimée dans votre journal, je fais
dire à M. Coster, en parlant du procédé de Dupuytren, que la section
des muscles a eu lieu *d'avant en arrière*, tandis qu'en réalité le texte
de M. Coster porte très positivement *d'arrière en avant*. En cela je serais très répréhensible. Mais voici une petite difficulté que vous seul
pourrez résoudre. En recourant au brouillon, que j'ai conservé, de ma
lettre, j'y ai lu *d'arrière en avant* : dès lors j'ai à choisir entre une erreur de mon copiste et une erreur de votre imprimeur. Cette alternative est d'autant plus forcée que, dans un article imprimé de la GAZETTE
MÉDICALE, paru la *veille* du jour où a paru le numéro de votre journal
contenant ma lettre, j'ai publié textuellement l'observation de M. Coster, et j'ai dit, dans mes remarques sur le procédé de M. Stromeyer,
comparé à celui de Dupuytren : « Cette première observation de
M. Stromeyer ne diffère de celle de Dupuytren qu'en ce que la section

des deux muscles a été faite d'avant en arrière au moyen d'un bistouri convexe au lieu d'avoir été faite D'ARRIÈRE EN AVANT au moyen d'un bistouri droit. » C'est donc à mon copiste ou à votre imprimeur que s'adresse le second membre de votre reproche. Mon copiste, que j'ai gourmandé par provision, prétend qu'avec un peu de cette clairvoyante humanité qui vous anime pour les auteurs anglais et allemands, vous auriez pu, après la publication de l'article de la GAZETTE MÉDICALE, corriger l'erreur de sa copie ou celle de votre imprimeur (1). Conclusion du troisième point : M. Coster et moi sommes parfaitement d'accord ; Aperill et Froriep nous prêtent main-forte ; et votre synonymie entre *sortir* et *dépasser* est renvoyée à une prochaine édition des *Synonymes* de l'abbé Girard.

QUATRIÈME POINT, — *Le procédé que j'ai employé est le même que celui de Dupuytren.* Ma réponse est la conclusion de ce qui précède. D'après Aperill et Froriep, et M. Coster, Dupuytren a fait la section *simultanée des deux muscles*, ou des *deux faisceaux* du sterno-cleïdo-mastoïdien ; je fais la section *isolée* du sterno-mastoïdien, ou *successive* des deux muscles ; Dupuytren a fait *deux* ouvertures à la peau, je n'en fais *qu'une* ; Dupuytren a coupé les muscles *d'arrière* en avant, je les coupe *d'avant* en arrière ; Dupuytren a introduit le bistouri du côté *interne* du muscle à son côté *externe* ; je l'introduis, pour la section du sterno-mastoïdien, de son côté *externe* à son côté *interne*. Voilà, j'espère, d'assez grandes différences : ce n'est pas le lieu d'en faire ressortir l'importance et les motifs.

CINQUIÈME POINT. — *Dans le cas où Dupuytren n'aurait pas fait l'opération que lui attribuent Ammon, Aperill et Froriep, ces chirurgiens n'en resteraient pas moins les véritables inventeurs de l'opération que je viens d'inventer.* Ce principe est fort juste, mais l'application ne l'est pas. En premier lieu, Aperill et Froriep ne peuvent

---

(1) Je me suis assuré, en revoyant la copie de ma lettre, qui est entre les mains de M. Dezeimeris, que l'erreur n'est pas le fait de son imprimeur, mais de mon copiste.

avoir part à l'invention dont vous les gratifiez, attendu qu'ils n'ont fait que rapporter fidèlement, comme M. Coster, l'opération de Dupuytren. Reste donc ce pauvre M. Ammon. Il ne se doutait guère qu'en faisant de l'histoire de fantaisie, en prenant un lit pour une chaise, en jugeant la chirurgie française à vue de clocher, il allait se trouver l'inventeur d'un procédé chirurgical fort estimable ; c'est pourtant ce qui lui est arrivé. Oui, M. Ammon a fait, comme M. Jourdain, un procédé chirurgical sans le savoir. Mais ce procédé, inventé comme la prose de M. Jourdain, est-il bien le mien ? Heureusement non. Suivant Ammon et les autres chirurgiens qui ont appliqué son procédé, l'introduction du bistouri a lieu de *dedans* en *dehors*, *sous* le muscle, et la section de ce dernier est faite d'*arrière* en *avant*. Or, pardonnez-moi de vous le répéter ; j'introduis mon bistouri de *dehors* en *dedans*, entre la *peau* et le *muscle*, et je coupe d'*avant* en *arrière*. Je renvoie, pour les motifs assez importans qui m'ont fait préférer ce procédé, et insister sur les particularités qui le caractérisent, aux considérations d'anatomie chirurgicale exposées dans mon mémoire.

SIXIÈME POINT. — *Richter a donné avant moi le précepte de couper, dans la plupart des cas, la portion du muscle qui s'attache au sternum.* Cela est vrai, Monsieur ; mais vous oubliez une chose, c'est que, de la part de Richter, ce précepte est empirique. De ma part, c'est le corollaire pratique d'une série de vues scientifiques. J'avais établi que le sterno et le cleïdo-mastoïdiens sont deux muscles distincts anatomiquement et physiologiquement ; j'avais démontré, à l'aide de caractères précis et d'expériences nouvelles, que, dans la généralité des cas, le chef sternal ou le sterno-mastoïdien est seul primitivement rétracté ; j'en ai déduit le précepte de la section isolée de ce muscle. Vos lecteurs jugeront de la différence.

SEPTIÈME POINT. — *Vous avez vu dans le même Richter l'indication de la nécessité presque constante de* COMPLÉTER *la cure (du torticolis) par l'emploi de machines ou de bandages* APPROPRIÉS. Cette proposition, je vous l'avoue, m'avait d'abord fort effrayé ; car elle tendait à me dépouiller de ce dont je fais le plus de cas, et de ce que je crois le plus nouveau dans mon travail. Mais, grâce à l'exemplaire allemand de Richter, que vous avez eu la bonté de me communiquer, et grâce à mon traducteur, je me suis un peu rassuré. Voici ce que dit Richter : « Aussitôt après l'opération, la tête reprend plus ou moins sa direction naturelle ; il est néanmoins presque toujours nécessaire de la MAINTENIR dans cette position, au moyen de machines ou de bandages, *jusqu'à la guérison complète de la plaie.* » Cela ne dit pas tout-à-fait *compléter* le traitement, à l'aide de bandages *appropriés. Maintenir* la tête suppose qu'il n'y a rien à faire de plus pour le redressement ; que l'opération chirurgicale a produit tout l'effet désirable ; tandis que l'indication de *compléter* le traitement à l'aide de machines *appropriées* peut comprendre tout ce que j'ai vu sur l'insuffisance du traitement chirurgical, sur l'inclinaison persistante de la tête sur le cou, et l'inclinaison inverse de la colonne cervicale sur la colonne dorsale, lesquelles inclinaisons, en se balançant, donnent à la tête l'apparence du redressement ; et l'indication des machines *appropriées* peut comprendre non seulement les machines que j'ai imaginées, mais toutes les machines imaginables, pourvu qu'elles soient *appropriées.* Vous voyez, Monsieur, que malgré ma déférence pour votre sagacité synonymique, je ne puis admettre que *maintenir* et *compléter* soient tout-à-fait la même chose. J'ajouterai que Richter, en ne prescrivant l'emploi des machines que jusqu'à *cicatrisation de la plaie,* n'a pu vouloir dire jusqu'au redressement de la colonne cervicale, et jusqu'à la disparition totale des deux inclinaisons inverses de la tête et du cou, ce qui, comme l'a dit très spirituellement M. Bouvier, me tient tant à cœur. Vos lecteurs, qui ont justement confiance dans l'exactitude avec laquelle vous interprétez les auteurs, pourraient se demander si ma traduction avec *maintenir* vaut la vôtre avec *compléter.* Permettez-moi de les rassurer sur ce point, et de leur apprendre que la première traduction est de M. le bibliothécaire de l'École de Médecine, et la seconde de M. Dezeimeris. Vous leur expliquerez, Monsieur, comment deux hommes aussi bien faits pour s'entendre ont pu traduire, dans le même journal, à quelques jours de distance, le même auteur, de deux manières aussi différentes. La première traduction se trouve Expérience , numéro du 20 avril, p. 539 ; la seconde, Expérience, 30 avril, p. 573.

Huitième et dernier point. *Syme d'Edimbourg, par son procédé opératoire, m'a devancé dans la seule découverte qui pût me rester après Richter.* Je suis désolé, Monsieur, d'être obligé de vous rappeler une seconde fois en quoi diffère mon procédé de celui de M. Syme et de tous les autres. M. Syme a fait, comme Dupuytren, comme Ammon, comme Dieffenbach, une ponction au *côté interne* du chef sternal; je la fais au *côté externe*; il a enfoncé son bistouri *sous* le muscle *de dedans en dehoes;* je le glisse *entre la peau* et le *muscle* de *dehors* en *dedans;* il a divisé le muscle *d'arrière en avant;* je le divise *d'avant en arrière.* D'après le peu de détails de l'auteur anglais, mon traducteur était resté incertain sur la question de savoir si M. Syme avait ou non traversé la peau de part en part, comme Dupuytren, ou s'il n'avait fait qu'une seule ouverture; je lui ai opposé votre traduction, au moyen de laquelle il n'y a pas de doute possible : vous dites en effet : « On voit que l'auteur n'a fait qu'une seule *petite ponction.* » Cependant mon traducteur persiste à dire que le mot seule, que vous avez mis comme moi en lettres capitales, ne se trouve nulle part dans l'original. *Small puncture* veut dire petite ponction, mais non une seule petite ponction. Or, une petite ponction (action de plonger) d'après Aperill, Froriep et M. Coster, n'exclurait pas deux ouvertures à la peau; et jusqu'à ce qu'on ait trouvé dans le texte de M. Syme le mot *seule*, que vous y avez glissé, par inadvertance sans doute, et jusqu'à ce que le mot ponction veuille dire clairement qu'on n'a pas plongé jusqu'au-delà de la peau du côté opposé, je serai tenté d'ajouter aux différences que le procédé que M. Syme présente avec le mien, celle de deux ouvertures au lieu d'une. J'aurais beaucoup d'autres choses à ajouter pour répondre complètement à votre huitième proposition ; car je ne puis consentir bénévolement à reconnaître que le procédé opératoire fût la seule chose qui me restât à découvrir après Richter; mais, pour justifier ma résistance, il faudrait vous énumérer de nouveau tous les points que vous avez contestés et que je ne crois pas contestables, et en rappeler beaucoup d'autres qui ont échappé jusqu'ici à vos persécutions bibliographiques. Je préfère, Monsieur,

> . . . . . *Si parva licet componere magnis,*

imiter le grand Corneille, qu'on appelait de son temps le *soi-disant auteur du Cid*, et vous renvoyer à la lecture de mon mémoire pour y trouver autre chose que ce qu'ont dit Richter, Dupuytren, Ammon, Syme, etc., comme l'auteur du *Cid* renvoyait les Fréron de son temps à la représentation de sa tragédie pour y montrer autre chose que ce qu'ils trouvaient dans les auteurs espagnols.

Agréez, je vous prie, Monsieur, la nouvelle assurance de ma parfaite considération,

Jules Guérin.

Nota. En publiant cette lettre dans la Gazette Médicale, nous n'avons pas voulu la faire échapper à la réplique de M. Dezeimeris. Nous prenons l'engagement au contraire de faire connaître la nouvelle réponse de notre savant confrère, lorsqu'elle aura paru dans son journal l'Expérience (1).

V. NOUVELLE RÉCLAMATION DE M. BOUVIER SUR LE TRAITEMENT DU TORTICOLIS ANCIEN (2).

Nous croyions, en publiant la réponse de M. Bouvier à nos articles sur le traitement du torticolis, toute discussion terminée : il n'en a pas été ainsi : nos dernières explications ont provoqué de la part de ce médecin une nouvelle réplique dont nous avions dû ajourner l'insertion à cause des attaques personnelles qu'elle contenait. M. Bouvier, ayant consenti à se renfermer dans la question scientifique, nous insérons volontiers sa lettre, d'autant plus qu'elle nous fournira l'occasion de préciser quelques points de science sur lesquels notre confrère ne paraît pas encore fixé. Voici la lettre de M. Bouvier.

---

(1) M. Dezeimeris n'a pas répondu.
(2) Gazette Médicale du 16 juin 1838.

Réponse de M. Bouvier au nouvel article de M. J. Guérin (Gaz. Méd du 19 mai).

Paris, ce 22 mai.

Les réflexions dont M. J. Guérin a accompagné ma réclamation du 19 mai me mettent dans la nécessité de lui adresser une réplique. Je m'abstiendrai, toutefois, de lui renvoyer ce qu'il peut y avoir de personnel dans ses expressions, persuadé que le bon droit ne perd rien à se passer de pareils argumens.

La lettre de M. Pinel-Granchamp ne prouve qu'une chose ; c'est que cet estimable confrère, dont chacun reconnaît la droiture, s'est mépris en croyant comprendre ma pensée tout entière, et en prenant pour l'expression complète d'une opinion nettement précisée des paroles échangées au sein d'une réunion qui n'avait rien de scientifique, et dans laquelle je ne songeais à rien moins qu'à formuler des propositions sujettes à l'argumentation. Je le répète, je n'ai nullement entendu lui déclarer que la section sous-cutanée du sterno-mastoïdien ne fût jamais applicable au traitement du torticolis ancien. Jamais, depuis mon premier essai, je n'ai perdu de vue ce procédé, qu'il était si naturel de transporter du pied au cou ; il en a été souvent question entre les grands praticiens que j'ai assistés et moi ; si nous n'y avons pas eu recours de nouveau, c'est que nos malades ne nous ont point offert des conditions favorables à l'emploi de cette méthode ; et certes, la nécessité de ces conditions spéciales devait être encore plus évidente pour moi, après le refus motivé que M. Dieffenbach, si exercé à ce mode d'opérer, m'avait fait de pratiquer la section sous-cutanée sur la nommée Eugénie Dubois, ainsi que je l'ai rapporté dans l'Expérience du 20 avril.

Je le répète aussi ; ma conduite dans les cas que je viens de rappeler est entièrement conforme aux principes contenus dans ma lettre à l'Académie ; et ce n'est pas ma faute si M. Guérin persiste à voir là une contradiction, malgré les explications que j'ai données à ce sujet, et sur lesquelles je ne reviens pas.

M. Guérin n'eût pas grossi son article de la lettre de M. Maisonneuve, dont le défaut de mémoire ne prouve rien, si, au lieu de s'en tenir à la Gazette Médicale, il avait pris la peine de consulter la Gazette des Hôpitaux du 18 août 1836, où il aurait vu, page 392, que sur le cadavre que j'ai examiné en présence de M. Maisonneuve, « la division du faisceau sternal avait » même suffi pour ramener le cou à la rectitude. »

M. Guérin essaie de prouver que ma première opération elle-même est en opposition avec mes *prétentions actuelles ;* mais ici encore il s'appuie sur des faits présentés d'une manière inexacte ou incomplète. Je vais me borner à les rétablir; les conséquences qu'il en tire tomberont d'elles-mêmes.

1° J'avais assez clairement expliqué dans l'Expérience du 20 avril la succession des faits et des idées qui m'appartiennent pour que M. Guérin ne dût point se croire en droit de me reprocher de n'avoir pas encore fait en 1856 mes observations du mois d'août 1837.

2° J'ai dit les motifs qui nous avaient décidés chez le malade opéré par M. Magendie à ne point pratiquer la section sous-cutanée, et M. Guérin raisonne comme si j'avais complètement gardé le silence à cet égard.

3° Je n'ai point dit dans ma lettre à l'Académie que la section sous-cutanée ne convînt qu'au cas d'affection presque exclusive du faisceau sternal ; chacun peut y lire que j'ai admis des cas fort rares, dans lesquels ce procédé est applicable au faisceau claviculaire.

Après diverses interprétations basées sur ces omissions, M. Guérin pose enfin entre lui et moi la question scientifique, dont il n'aurait jamais dû s'écarter. Je l'accepte telle qu'il l'a posée ; l'expérience prononcera ; elle dira quelle est la règle, quelle est l'exception, dans le traitement du torticolis ancien, de la section sous-cutanée ou de la section avec incision des tégumens. Si elle me condamne, ce que je ne suis pas obligé de croire d'avance, je m'applaudirai d'avoir donné lieu à une enquête solennelle, qui aura tourné au profit de l'art.

Que sert à M. Guérin de travestir encore les faits relatifs aux traitemens mécaniques que j'ai dirigés après la section du sterno-cleïdo-mastoïdien ? Croit-il, par les épithètes qu'il leur prodigue, donner le change à ceux qui en ont été témoins, et convaincre les autres qu'il juge sainement de ce qu'il n'a pas même vu ?

Si j'ai compris l'objection de M. Guérin au sujet de l'inclinaison inverse de la partie inférieure du cou, que je regarde comme la partie supérieure d'une courbure cervico-dorsale, ce ne serait plus alors, suivant lui, une *inclinaison réelle* du rachis. J'avoue en toute humilité que j'étais jusqu'ici fermement convaincu qu'un arc quelconque du rachis se déviait ou *s'inclinait*, par rapport à l'horizon, en sens contraire dans ses deux moitiés, et je ne voyais aucun inconvénient à considérer l'épine comme offrant dans chacune d'elles une inclinaison *très réelle*. M. Guérin en juge autrement, et cette équivoque une fois levée, il nous sera facile de nous entendre ; car je lui accorde, sans restriction, qu'il aura fait une découverte à laquelle ses devanciers n'auront aucune prétention, lorsqu'il aura prouvé qu'après l'opération du torticolis il subsiste une inclinaison inverse de la colonne cervicale, réellement indépendante de toute courbure cervico-dorsale. De son côté, il renoncera, je pense, à toute prétention relativement à ce fait, s'il reste prouvé que cette inclinaison est de la nature que j'ai indiquée.

Après avoir repoussé l'accusation élevée contre moi par M. Guérin, par un exposé véridique des faits, dans mes lettres du journal l'EXPÉRIENCE et dans la GAZETTE MÉDICALE, je n'ai plus que des dénégations formelles à opposer aux affirmations qui reproduisent et résument ses assertions. Je nie que, pendant deux mois, j'aie combattu les idées de M. Guérin autrement que je ne les combats aujourd'hui ; que l'examen que j'ai fait de son malade, sur l'invitation d'un tiers, ait rien changé ni rien ajouté à ce que m'avaient appris mes observations antérieures et les communications directes de M. Dieffenbach ; observations et communications qui, indépendamment même des autres faits depuis longtemps acquis à la science, me donnaient bien le droit de *poser des règles et des indications, de discuter, de résoudre des questions*, sans en demander la permission à qui que ce soit.

Je n'ai qu'un mot à dire du nouveau grief de M. Guérin. Le fait de la rétraction musculaire liée aux affections convulsives, et donnant l'explication de certaines difformités articulaires congéniales, ne lui appartient pas. Ceux qui prendront la peine de lire l'art. VI de *l'Orthomorphie* de Delpech, tome 1er, pag. 154, y trouveront assez explicitement, je pense, les idées que M. Guérin m'accuse de lui avoir empruntées. Ils remarqueront entre autres le passage suivant (page 173) : « Si l'enfant dont nous venons de faire l'his-
» toire.... avait essuyé quelques jours plus tôt les *convulsions*, elles se se-
» raient passées dans l'utérus, et l'on aurait manqué d'un renseignement
» important. Des événemens semblables peuvent avoir précédé la naissance
» dans les cas de l'espèce dont il s'agit : alors la principale scène extérieure
» serait perdue, parce qu'elle se serait passée pendant la vie intra-utérine,
» et il n'en resterait plus que les résultats, la *difformité*. » Or, je le demande, si j'avais eu à traiter l'histoire de l'art dans mes dernières communications à l'Académie sur les rétractions musculaires du fœtus et de l'enfance, qu'y eût gagné M. J. Guérin ?

RÉPONSE A LA RÉCLAMATION QUI PRÉCÈDE.

Je ne répondrai que quelques mots aux principales assertions de M. Bouvier.

1° Et d'abord, en ce qui concerne la conversion subite que j'avais signalée dans les idées de M. Bouvier, je ne pense pas que de simples dénégations détruisent la surabondance de preuves que j'avais données, preuves étayées, d'ailleurs, des témoignages si explicites de nos honorables confrères MM. Pinel-Grandchamp et Maisonneuve. Je laisse donc le public juge sur le premier point.

2° Relativement au fait de l'inclinaison inverse de la colonne cervicale, que je croyais avoir signalé le premier comme fait anatomique nouveau et comme indication nouvelle à un traitement mécanique consécutif mieux entendu, M. Bouvier m'accorde, sans restriction, que j'aurai fait une découverte à laquelle mes devanciers n'auront aucune prétention lorsque j'aurai prouvé qu'il subsiste, après l'opération du torticolis, une inclinaison réellement indépendante de toute courbure cervico-dorsale. Je pourrais me borner à accepter la question telle que M. Bouvier la pose, et je l'accepterai, en effet, de cette manière : mais, avant cela, je dois dire que je ne consens pas à circonscrire la nouveauté de mon observation dans les limites qu'il lui assigne. Ainsi, que l'inclinaison du cou en sens inverse de l'inclinaison de la tête soit ou non une inclinaison essentielle, ou une inclinaison résultant d'une courbure cervico-dorsale, j'établis d'abord que ce fait d'inclinaison, considéré comme fait constamment lié au torticolis ancien, et considéré indépendamment de la raison de son existence, est un fait nouveau, que nos prédécesseurs n'avaient pas remarqué. Maintenant, pour remplir les conditions du programme de M. Bouvier, j'ajouterai que l'inclinaison inverse de la colonne cervicale sur la région dorsale est bien réellement une inclinaison essentielle, c'est-à-dire qui a une existence propre, qui n'est pas formée par le segment supérieur d'une courbure cervico-dorsale, mais qui résulte d'un mouvement d'abaissement latéral de la colonne cervicale sur la colonne dorsale restée droite, mouvement dont le centre principal est dans l'articulation de la septième cervicale avec la première dorsale. La réalité de ce fait et de cette explication est incontestable dans les cas simples. Si l'on examine la direction de la colonne depuis la première vertèbre dorsale jusqu'au sacrum, on la trouve rigoureusement droite et suivant exactement la verticale. J'ai fait voir plusieurs cas de ce genre à MM. Savart, Lisfranc, Pinel-Grandchamp, Sédillot, Devergie aîné, Barthélemy, Laurens, et autres médecins. M. Bouvier pourra en voir un bel exemple à l'hôpital de la Pitié, salle Saint-Augustin, sur une jeune fille de dix-sept ans, que je vais opérer d'un torticolis produit par la rétraction des deux muscles sterno et cleïdo-mastoïdiens. Dans les cas compliqués, c'est-à-dire lorsqu'il y a réellement une courbure cervico-dorsale, ce qui arrive dans des circonstances que je me propose de faire connaître plus tard, l'inclinaison essentielle peut encore être facilement distinguée de la courbure. En effet, la courbe dorsale qui fait suite à l'angle d'inclinaison est toujours d'un rayon plus grand que la courbe résultant de la réunion de la colonne cervicale avec la colonne dorsale ; en sorte qu'au niveau de l'articulation de la dernière cervicale avec la première dorsale, le segment cervical s'incline plus ou moins brusquement sur le segment dorsal, et forme, en ce point, un angle plus ou moins aigu, qui interrompt la régularité de la courbe cervico-dorsale, et atteste l'existence distincte, quoique simultanée, de l'inclinaison et de la courbure. C'est faute d'avoir fait cette distinction que M. Bouvier n'a pas cru jusqu'ici à l'existence propre de l'inclinaison cervicale. Je possède un certain nombre de plâtres où ces deux faits sont impossibles à méconnaître. J'ajouterai que, dans les huit cas de torticolis ancien qu'il m'a été donné d'opérer jusqu'ici, toujours l'inclinaison inverse du cou a persisté après la section des muscles rétractés. Il suffit de voir attentivement les dispositions anatomiques du cou dans cette difformité pour s'assurer que le contraire est impossible. Je pense donc que, sur ce second point, M. Bouvier consentira à passer tout à fait condamnation.

3° J'ai reproché à M. Bouvier d'être venu présenter à l'Académie, comme résultat de son observation propre, un exemple de difformité générale articulaire chez le fœtus, causée par la rétraction générale des muscles, bien que ce fait ne fût que la répétition de ceux qui m'ont servi à DÉMONTRER le premier l'existence de la rétraction musculaire comme cause générale des difformités articulaires chez les monstres et le fœtus. A cola M. Bouvier répond par une phrase tronquée de Delpech où il prétend retrouver toutes mes idées et mes recherches. Aux citations et aux interprétations de M. Bouvier déjà produites lors du concours pour le grand prix de chirurgie, je pourrais répondre par le jugement qu'a porté sur cette partie de notre discussion la commission de l'Académie des sciences ; mais comme j'ai pour me défendre auprès du public les argumens qui m'ont fait obtenir gain de cause auprès de ce savant aréopage, je n'invoquerai jamais à mon profit le bénéfice de la chose jugée; je m'empresserai au contraire de soumettre à l'opinion de tous les élémens de la décision de nos premiers juges : ceci soit dit une fois pour toutes. Or je crois avoir démontré le premier que la grande généralité des difformités articulaires congéniales, telles que les luxations, les subluxations, les pieds-bots, les mains-bots, les déviations de l'épine, et autres difformités articulaires moins fréquentes, sont le résultat de la rétraction musculaire convulsive et de l'arrêt de développement des muscles consécutif à cette rétraction. Il est inutile de rappeler les recherches multipliées auxquelles je me suis livré pour mettre ce point de science hors de doute; je me borne à dire que j'ai rapporté une série de cas de difformités de toute espèce chez les monstres et le fœtus, depuis la difformité générale de toutes les articulations jusqu'au simple pied-bot, dans lesquels il était impossible de ne pas reconnaître la simultanéité décroissante de l'affection convulsive et de la difformité, et la subordination matérielle de la difformité à la rétraction musculaire ; je renvoie sur ce point au rapport de l'Académie des sciences (p. 20). La question ainsi précisée, voyons quel était, avant mes recherches, l'état de la science à son égard, quelle était la vraie doctrine de Delpech, et enfin quelle était de celle M. Bouvier.

Si l'on voulait juger de l'état de la science à l'égard de l'étiologie des difformités articulaires, il suffirait de lire le compte-rendu de la discussion qui a eu lieu à l'avant-dernière séance de l'Académie de médecine sur la cause des pieds-bots. Les théories de la compression, des positions vicieuses, des arrêts de développement, des brides, ont seules eu les honneurs de la discussion. Il en serait bien autrement à l'égard des luxations congéniales, des déviations de la colonne, et des autres difformités articulaires, pour la formation desquelles on n'avait proposé jusqu'ici que des hypothèses. Or, nous avons substitué à ces théories vagues, dépourvues de preuves directes, une étiologie générale, basée sur des faits matériels incontestables, et auxquels il ne manque que d'avoir été publiés dans leurs détails pour être universellement acceptés. Cette étiologie, c'est la rétraction musculaire convulsive ; fait si évident, si général chez un grand nombre de monstres, et dans lequel cependant personne n'avait eu l'idée de trouver réciproquement la clef de ces monstruosités, et l'origine des difformités articulaires qui les accompagnent. Cette assertion est-elle contradictoire aux opinions dont M. Bouvier fait honneur à Delpech ? Nous allons voir.

Et d'abord, en aucun endroit de ses ouvrages , Delpech n'a décrit un seul cas de difformité articulaire générale chez les monstres ou le fœtus; en aucun endroit il n'a dit mot de ces faits ni de leur étiologie. M. Bouvier nous renvoie au chapitre traitant du pied-bot. Qu'y trouve-t-on ? «Que les muscles du mollet sont arrêtés dans leur développement par l'effet d'un vice de l'un des faisceaux de la moëlle épinière, qui rend l'inervation et partant la nutrition moindre *dans toute la moitié* correspondante du corps (p. 164).» Et Delpech, sans s'expliquer davantage sur cette hypothèse, ajoute plus loin : « On sait quels rapports il y a constamment entre la forme des parties de cet organe (la moëlle épinière), qui correspondent à l'avant-train et à l'arrière-train dans tous les animaux, et la force des appendices : là où doivent se trouver des ailes grandes et fortes, un plexus axillaire volumineux, la moëlle présente un renflement sensible au bas de la région cervicale (p. 170).» Voilà la vraie théorie de Delpech, c'est-à-dire un manque de développement des muscles et des autres parties du membre , lié à un amoindrissement (supposé) d'un des cordons de la moëlle. L'auteur termine l'exposé de sa théorie par ces mots : « Il est à regretter qu'on n'ait pas fait quelques recherches touchant la partie déclive de la moëlle épinière dans les cas de cette espèce : les occasions nous ont manqué. (*Id.*) » Quant au passage cité par M. Bouvier, il est extrait d'une observation particulière, que Delpech présente comme exceptionnelle et comme d'un autre ordre (p. 171). Ce passage n'exprime , d'ailleurs , qu'une simple hypothèse tout exceptionnelle : « Des événemens semblables *peuvent* avoir précédé la naissance. » Peuvent, voilà tout ; et dans tout l'ouvrage il n'est plus question de cette hypothèse énoncée incidemment , à l'occasion d'un cas particulier, sans aucun fait, sans aucune preuve, et complètement en dehors de la théorie générale de l'auteur.

Nous ne pouvons mieux préciser le sens et la valeur de cette hypothèse et de toute la théorie de Delpech qu'en citant l'opinion que M. Bouvier en avait avant la conversion qui paraît s'être opérée dans son esprit. « *Rien ne prouve*, dit M. Bouvier, qu'à part cette circonstance ÉVIDEM-MENT EXCEPTIONNELLE (d'une maladie de l'axe cérébro-spinal) le pied-bot soit la conséquence de la brièveté primitive des muscles rétractés, comme le croyaient Duverney et Delpech. Cette brièveté ne préexiste point à la déviation ; elle est TOUJOURS *consécutive*, et ce serait, suivant la juste expression de Scarpa, confondre l'*effet* avec la *cause*, que de regarder cet état des muscles comme le point de départ ordinaire de la déformation (1). » Est-il possible d'être plus explicite ? On le voit : en 1835, M. Bouvier disait, en parlant de l'opinion de Delpech, qu'il m'oppose aujourd'hui : RIEN *ne prouve* qu'il en soit ainsi ; et, en parlant de la théorie à laquelle il paraît se convertir : *la brièveté des muscles est* TOUJOURS *consécutive*.

Ainsi, l'hypothèse tout exceptionnelle, proposée pour le seul pied-bot, et jetée comme par hasard dans une observation particulière, par Delpech, ne *prouvait* rien alors ; et elle était si peu de chose aux yeux de M. Bouvier, qu'il déclarait que le contraire avait *toujours* lieu. J'ai remplacé l'hypothèse exceptionnelle de Delpech par une théorie générale, applicable à toutes les difformités articulaires, et reposant sur un grand nombre de faits matériels incontestables. Dès lors, une révolution involontaire et à son insu, sans doute, s'est opérée dans les convictions de M. Bouvier. Mais, cette fois, il n'en sera pas comme pour le torticolis : notre confrère ne s'était pas borné à confier ses premières opinions à M. Pinel-Grandchamp : il les avait écrites, signées et publiées : *Scripta manent* (2).

---

(1) *Dictionnaire de médecine et de chirurgie pratiques*, article PIED-BOT, par M. BOUVIER, t. XIII, p. 85.

(2) Pour terminer toute discussion sur ce sujet, M. Bouvier nous fait remettre la note qui suit, dont nous prenons acte :

« L'opinion que j'ai exprimée dans le passage ci-dessus de mon article *pied-bot* est encore celle que je professe aujourd'hui ; c'est-à-dire que la rétraction musculaire convulsive n'est à mes yeux, aujourd'hui comme alors, qu'une cause *évidemment exceptionnelle* de difformité congéniale, et du pied-bot en particulier. »

www.ingramcontent.com/pod-product-compliance
Ingram Content Group UK Ltd.
Pitfield, Milton Keynes, MK11 3LW, UK
UKHW022224120726
13694UKWH00002B/690